清代學術名著叢刊

漢學商兑

[清] 方東樹 撰
虞思徵 校點

上海古籍出版社

圖書在版編目(CIP)數據

漢學商兑 /（清）方東樹撰；虞思徵校點. -- 上海：上海古籍出版社，2018.11
（清代學術名著叢刊）
ISBN 978-7-5325-7869-6

Ⅰ. ①漢… Ⅱ. ①方… ②虞… Ⅲ. ①國學－研究 Ⅳ. ①Z126

中國版本圖書館CIP數據核字(2016)第117395號

清代學術名著叢刊
漢學商兑
[清]方東樹 撰
虞思徵 校點
上海古籍出版社出版、發行
（上海瑞金二路272號 郵政編碼 200020）
（1）網址：www.guji.com.cn
（2）E-mail：guji1@guji.com.cn
（3）易文網網址：www.ewen.co
蘇州越洋印刷有限公司印刷
開本 850×1168 1/32 印張 6.75 插頁 5 字數 147,000
2018年11月第1版 2018年11月第1次印刷
印數：1—3,100
ISBN 978-7-5325-7869-6
B·924 定價：48.00元
如有質量問題，請與承印公司聯繫

整理弁言

《漢學商兑》四卷，清方東樹（一七七二～一八五一）撰。東樹字植之，安徽桐城人。晚年慕蘧伯玉五十知非、衛武公耄而好學故事，以儀衛名軒，因自號儀衛老人，别號副墨子。人言「話到桐城必數方」，蓋桐城方氏門望之隆，至明清兩代而盛極，其最著者曰桂林、曰會宮、曰魯拱。明洪武年間，東樹先世由徽州婺源來遷，居桐城魯拱，爲魯拱方氏，代有潛德，以詩書傳家。曾祖待廬先生諱澤，字苧川，以優貢生爲八旗教習，生平學宗朱子，文宗艾南英，交結皆一時名士，嘗爲姚惜抱師。父諱績，字展卿，工詩，著有《鶴鳴集》《經史札記》《屈子正音》。東樹幼承家範，穎敏好學，年十一即效范雲作《慎火樹》詩，時人咸以爲異。平居雞鳴輒起，丙夜方休，書卷筆墨不去手。枕上有疑，輒披衣省覽；觀書有得，則隨時記之。從弟宗誠親炙之者十年，未嘗見其一刻廢學也。東樹於秦漢以還之載籍無所不窺，自經史、諸子、詩文、義理以逮佛老靡不綜練。《清史列傳》稱其初好文事，學古文於同里姚鼐，與姚瑩、管同、梅曾亮稱姚門四傑。中歲不欲以詩文名，遂窮研義理之學，晚則耽於禪悦，凡三變而皆有撰述。所著書有《漢學商兑》四卷、《書林揚觶》二卷、《大意尊聞》三卷、《昭昧詹言》二十卷、《向果微言》三卷、《考槃集》三卷、《半字集》二卷、《王餘集》一卷、《考槃集文録》十二卷，又《老子章義》《陶詩附考》《解招魂》《跋南雷文定》《一得拳膺録》《進修譜》《未能録》《最後微言》《思適居鈴語》《山天衣聞》《感應篇暢隱》都若干卷，多刊行，而尤以《漢學商兑》最著。

東樹少時即锐然有用世志，凡禮、樂、兵、刑、河漕、水利、錢穀、關市、大經大法皆嘗究心，曰此安民之實用也，義理所以用此權衡也。道光十八年，鴻臚寺卿黄爵滋上《嚴塞漏卮以培國本疏》，請厲禁鴉片，上善之，下督撫議。時東樹客粤，在鄧公廷楨幕中，慨然著《匡民正俗對》，力陳禁煙之道。居數年，海氛不靖，於是又作《病榻罪言》，極論制夷、自强之策，然皆不爲所用。所謂「身雖未仕，常懷天下憂，凡遇國家大事，忠憤之氣見於顔色」也。東樹天性醇篤，爲人孝弟。其母鄧孺人早卒，嘉慶二十一年，父展卿先生染疾不治，適其隨安徽巡撫胡果泉赴江蘇就任，不克親視含殮，思慕終生，每言及輒涕零。營葬三世七喪，盡心竭力。師姚惜抱卒數十年矣，猶常泣思之曰：惜不得與先生一證今日所學也。凡族戚門人有疾病患難者，往往憂戚以至忘食廢寢，一如己事。家極貧，然出處進退取予絶不苟。姚石甫，東樹畏友也，爲官之時常貲助之，及左遷入蜀，又助數百金，爲治生計，東樹固辭，終持券還之。自弱冠之年十試棘闈皆報罷，後遂絶意仕進。陳用光、沈鼎甫皆其故人，相與友善。陳典試江南、沈督學安徽時，並欲拔其貢，然均不與試。道光三十年，詔舉孝廉方正，姚石甫瑩薦之撫軍，東樹曰：「吾耄矣，尚堪世用邪？胡爲受此虚名也。」卒以諸生終。一生歷主廬州、亳州、宿松、廉州、韶州講席，年八十，卒於祁門東山書院。光緒元年，祀鄉賢祠。

有明一代，士林囿於性理，汩於制義。顧亭林、黄梨洲等奮起而振其頽波，蓋目擊時弊，意有所激，故創爲救病之論，排擊程朱、陸王之説，學術風氣由是一變，實啓漢學先聲。迄乾嘉之世，江戴起於歙，三惠興乎吴，各成一宗。名公鉅卿、高才碩士競言考證，遞相祖述，漢學之盛極矣。

甘泉江藩爲惠棟再傳弟子，於嘉慶二十三年夏南下廣州，入兩廣總督阮文達公元幕府，頗受推重。阮元出貲爲刻《漢學師承記》并作序盛贊，稱「讀此可知漢世儒林家法之承授，國朝學者經學之淵源，大義微言，不乖不絶，而二氏之説亦不攻自破矣」。書凡八卷，正記四十人，附記十七人，敘自清以來純宗漢學者，置閻若璩、胡渭於首卷，而顧炎武、黄宗羲則以「深入宋儒之室，多騎墻之見、依違之言」僅忝列末卷。翌年三月，方東樹應阮元之聘，赴粤修《廣東通志》，初任分纂，一月告竣，將辭去，阮元留之，屬以總纂事，因淹留廣州。時《漢學師承記》甫行世，備受漢學之士推崇。方氏親睹其事，隱忍而未發。道光二年，藩又刊《宋學淵源記》二卷，附記一卷，凡正傳三十一人，附傳八人。該書非復以宗派别門户，而代以地域分南北。然於三十九人之中，向以宗主程朱自詡之桐城三祖方苞、劉大魁、姚鼐及其餘桐城、陽湖諸家竟一概不録。時三祖已殁，東樹爲姚門四傑之一，篤信程朱性理之學。前《漢學師承記》只是漢學家事，此敘宋學淵源而不録桐城諸人，是可忍孰不可忍。遂發憤著述，作《漢學商兑》以駁之。此爲歷來關於《商兑》著作緣起之共識。近有學者據方氏與程含章往來書信中多有與《商兑》主旨近似之文字，謂《商兑》發軔早在嘉慶二十五年至道光元年間，與《宋學淵源記》無涉。吾意謂《商兑》發軔於《宋學淵源記》

刊行前則可，云其與《宋學淵源記》無涉則未必。以家學師承觀之，方氏宗宋反漢思想淵源有自：其曾祖方澤生平學宗朱子，嘗爲姚鼐師，而方氏曾與其父方績同受業於姚鼐，且自言「樹從游最久」。方氏於嘉慶二十四年三月入阮元幕，時江藩《漢學師承記》已於去歲殺青。阮元《儒林傳稿》早懸國門，陽爲調和漢宋，實則尊漢抑宋，後督撫兩廣，建學海堂，刻《清經解》，幕中率多漢學之人。方氏厠身其間，自言「此間多上才，獨僕以薄劣居同下客」，其鬱鬱不得志可知。又方宗誠《柏堂師友言行記》言其凡有所得，輒注時日以記之。方氏遠有其師姚鼐欲拜戴震爲夫子被拒之仇，近有阮元《儒林傳稿》、江藩《漢學師承記》之激，在粤期間，於阮元府中親睹漢學諸人言行，居恒感激，故時時記之，以備他日著述采擇。江藩《宋學淵源記》雖刊行於道光二年，然其書多取材於彭紹升《二林居集》，並非一蹴而就，則其發軔、剪裁、著述當在道光二年之前。考二人行歷，江藩於嘉慶二十三年入阮元幕，至道光五年退息歸里；方東樹自嘉慶二十四年至道光六年間輾轉粤東，兩入阮元幕府。又《商兑》卷下言江藩嘗謂余曰云云，可見二人在阮元幕中亦有交往，方氏當早已聞知江藩《宋學淵源記》著述旨意也。

作者自謂此書本止一卷，因篇葉較夥，故分爲上、中、下三帙。首溯其畔道罔説之源，次辨其依附經義小學似是而非者，次爲總論，辨其詆誣唐宋儒先而非事實者。體例仿朱子《雜學辨》，先摘録原文，復各爲辨正於其下。

《序例》首標其幟曰：「近世有爲漢學考證者，著書以闢宋儒、攻朱子爲本，首以言心、言理、言性爲厲禁，海内名卿鉅公，高才碩學，數十家遞相祖述，膏唇拭舌，造作飛條，競欲咀嚼……遂使數十年間承學之士耳目心思爲之大障。 歷觀諸家之書，所以標宗旨，峻門户，上援通賢，下讋流俗，衆口一舌，不出於訓詁小學、名物制度，棄本貴末，違戾詆誣，於聖人躬行求仁、修齊治平之教，一切抹殺。 名爲治經，實足亂經； 名爲衛道，實則畔道。」

卷上乃先爲理學、道學作一正名，即所謂「首溯其畔道罔説之源」。 首攻毛奇齡《西河集》「宋儒篡道，道學非聖學」之説，繼而駁萬斯同「自《宋史》分《道學》《儒林》爲二傳以來，談道統者揚己凌人，卒釀門户之禍」觀點，以下次第駁斥朱彝尊、顧炎武及爲茅星來辯誣，末復截取錢大昕、黄宗羲、阮元、江藩只言片語，力辨惠氏、戴氏專標漢幟、厲禁言理之非。

卷中之上可粗分爲四節，一爲前三段，與黄震、顧炎武商兑宋儒傳心之要之「人心」、「道心」是否墮禪； 次則四至九段，駁斥戴震、江藩、焦循「理學高談性命而無補經術」、「理學以理殺人」及「理學之危害」等觀點，痛詆戴震「爲論猖披至此，肆無忌憚」、「邪妄熾結，任意亂道」； 三爲十至十二段，次第回應戴震《四書集注》非聖人之意、臧琳《大學》「誠意傳」不當退處於後、汪中《大學》非孔子之言曾子之意之質疑； 四則十三至二十段，與阮元、淩廷堪、焦循（焦循當是臧庸，方氏誤。所引淩廷堪與臧庸之語實乃從阮元文中轉引）就理與禮之關係、窮理、一貫、仁、克己等義理概念進行商兑，以爲阮元「聖賢之教，無非實踐。學者亦實事求是，不當空言窮理」乃漢學宗旨第一義，千條萬端皆從此路差去。

卷中之下集矢於漢學家之治學方法，引錢大昕、戴震、惠棟、阮元、段玉裁、江有誥、顧炎武、孫星衍諸人由小學而知義理之言論，逐條批駁申辨，謂漢學家所尚音韻訓詁、名物制度只是小學内事而非大學，無由升堂入室，得義理之真。其言曰：「夫訓詁未明，當求之小學，是也；若大義未明，則實非小學所能盡。今漢學宗旨，必謂經義不外於小學，第當專治小學，不當空言義理。」復就「經義不明由於不講小學、形聲、訓詁」之觀點，提出十五謬以駁斥之，否認訓詁、音韻可通乎性與天道。末辨朱子未嘗教人舍經廢訓詁而空言窮理，斥古書亡於南宋之説爲非。

卷下次第引述江藩《國朝經師經義目録》有關《易》、《書》、《詩》、《三禮》、《春秋》、《四書》、小學、經總義之論述而一一辨之。復斥漢學家崇六朝駢儷而土苴韓歐、斥八家爲僞體，及自爲文則如屠酤計賬。揭舉漢學之人六弊，漢學家執罪宋儒者三條，末爲總論，復申前説。

《漢學商兑》成書以來，同門姚瑩及諸友人頗多溢美之詞，觀書後所附「題辭」八條，多來自桐城、陽湖二派。姚瑩言「此書有功聖道，其力量豈不越昌黎而上耶」、朱雅贊其「所以正人心，維世道，非止一時之書，而天下萬世之書也」云云，未免言過其實。同光之間，方宗誠頗受曾國藩、李鴻章賞識，盛推其從兄遺著，因大行於世。光緒十四年，有三韓豫師者，以《商兑》爲衛道之藩籬，救時之良藥，而惜其以訟解訟，立言未善，故撰《漢學商兑贅言》四卷，每於方氏按語後作「會輔堂贅言」，旨意在「吾人勵學，祗要實力作去」，殆宗李二曲實力踐行者也。逮清季民初，轉多批評之聲，譚宗浚譏其「攘臂詬争，幾於灌夫罵坐」；皮錫瑞説方氏「純以私意肆其謾罵，詆及戴震與顧炎武，名爲揚宋抑漢，實則歸心禪學，與其所著《書林揚觶》皆陽儒陰釋，不可爲訓」；章太炎云此書雖「非專誣讕之言」，然方氏「横欲自附宋儒，奔走阮元、鄧廷楨間，躬行佞諛，言與行頗相反」；梁啓超批評該書「爲宋學辨護處，故多迂舊」之餘，亦贊其「針砭漢學家處，卻多切中其病，爲清代一極有價值之書」。

平心而論，此書實未有如此不堪，書中針砭漢學家處，多有切中其病者。唯其好强爲辭説，每多牽强，攘臂詬争、叫囂謾罵之處確亦不少。如卷上開篇强辨河圖洛書，卷中之上言漢學如烏頭附子、鴆酒毒脯，食之必裂腸洞胃、狂吼以死；卷下比漢學諸人爲有嫱施之淑姿而恣行凶德、放蕩淫邪者。此等言語，似已超出學術論争範疇。又於卷下總論引乾隆六年指斥謝濟世之上諭，借朝廷權威施壓，似亦過矣。其書通篇呵斥漢學之人標宗旨、峻門户，實則字裡行間亦與漢學樹異幟、争門户。又其力辨程朱未曾墮禪，書中卻多用禪家語，如卷下「此其七識」下自注「二字用佛典」等，可見《清史列傳》言其「晚耽禪悦」殆非虚語。至卷上辨阮元師、儒之分甚有力，下啓近世章太炎、胡適、錢穆原儒、説儒之訟辯，是亦有功學術耳。

《漢學商兑》著於何時，迄今未有定論。方氏《漢學商兑序例》末署「道光丙戌四月」，鄭福照所纂《方儀衛先生東樹年譜》曰：「道光四年甲申，先生年五十三歲，授經阮文達幕中，著《漢學商兑》四卷。」梁啓超《清代學術概論》云「其書成於嘉慶間」，錢穆斥鄭説「無他證」、梁説「益無據」，然亦僅云「成書在丙戌前，刊行則在辛卯」。陳祖武《乾嘉學術編年》據《序例》及《上阮芸臺宮保書》將此書初成繫於道光六年：「四月，方東樹初成《漢學商兑》，指斥一時學風病痛，並就此致書阮元，謀求支持。」朱維錚亦持相同觀點：「方東樹寫成此書，並將它獻給阮元，已在《宋學淵源記》刊行三年之後，恰值阮元奉調離粤赴雲貴總督任之際。」漆永祥《方東樹〈漢學商兑〉新論》從編纂、刊刻兩途進行考證，謂「《漢學商兑》在道光四、五年間有部分成稿，此後不斷修改，於道光十一年辛卯初刊。」實則鄭福照非「無他證」，其於《年譜》道光四年「時阮文達方輯刻《皇清經解》，以漢學導世，先生以是書上之」下注曰：「按此書刊於辛卯而創稿實在粤東，《文集・上阮宮保書》可證。」方宗誠《柏堂師友言行記》亦曰：「著《漢學商兑》時實在阮文達公粤東幕府，阮公方修《皇清經解》，諸博學老儒皆在焉。先生獨著此書以匡其失，雖諸公位望隆重不顧也。」二人皆云《商兑》創稿在阮元幕中，即道光四年再入阮元幕時，獻書則在道光五年八月至六年五月間。鄭乃方氏門人，而宗誠其從弟，親炙之十餘年，記載可信。道光六年阮元調任，方氏亦自粤旋里。此後五年間陸續增補，卷中因離爲上下，故今日所見刊本皆四卷也。所增補内容多與阮元相關，尤其卷中之上最末八條皆針對阮元而發，爲獻書之三卷稿本所無，所引之《書東莞陳氏學蔀通辨後》乃阮元寫於道光八年即其明證。至道光十一年辛卯冬，《商兑》初刊。刊行後，時獲可補入本條相發明者及前説誤而亟宜改正者，隨劄記於書之上下方，於道光十八年十月彙成《漢學商兑刊誤補義》一卷而刊之。

要之，《商兑》發軔於嘉慶二十五年至道光元年，創稿在道光四年授經阮元幕中時。道光五年末或稍遲，完成三卷《商兑》稿本並呈獻阮元，是爲成書第一階段；道光六年歸里後繼有所補，衍成四卷，至道光十一年冬刊行爲第二階段，刊行後至道光十八年成《漢學商兑刊誤補義》一卷爲第三階段。

《漢學商兑》最早刊本爲道光十一年辛卯冬刊本，後又有同治十年望三益齋刻本、六安求我齋刻本，光緒八年華雨樓重校本，十年寧鄉成氏重刊巾箱本，十四年《槐廬叢書》五編本，十五年孫溪朱氏刻本，十七年《方植之全集》本，二十年《西京清麓叢書》續編本，二十六年浙江書局刊本，一九三七年商務印書館萬有文庫本等。大要可分爲兩個系統：一以道光十一年刊本爲祖，一以同治十年望三益齋刻本爲源。前者較後者篇幅略少，蓋因望三益齋本經由方宗誠等人整理，將成於道光十八年之《刊誤補義》一卷逐條插入道光本並有所刪削。今以同治望三益齋刻本爲底本，並參校道光本及《漢學商兑刊誤補義》民國抄本，施以新式標點。原書中避諱字徑改，不出校記。限於水平，難免錯舛，敬希博雅見教。

癸巳年大暑己丑日山陰虞思徵謹識

戊戌年春分壬子日修改定稿

目録

重序

三代以上，無經之名，經始於周公、孔子。樂正崇四術，春秋教以《禮》《樂》，冬夏教以《詩》《書》。及至春秋，舊法已亡，舊俗已熄，詐謀用而仁義之路塞。孔子懼，乃修明文、武、周公之道，以制義法而作《春秋》。《春秋》亦經也，孔子雖未嘗以是教人，然其平日所雅言於人者，莫非《春秋》之義也。衛君待子爲政，子曰：「必也正名乎！」陳恒弒其君，請討之。季氏伐顓臾，旅泰山，則使欲止之。至於哀公問政，子曰：「文武之政，布在方策。」《論語》卒篇載《堯曰》一章，柳宗元曰：「是乃夫子所常常諷道之辭云爾。」子曰：「道之以德，齊之以禮。」「能以禮讓爲國乎，何有？」又曰：「小子何莫學夫《詩》？《詩》可以興，可以觀，可以羣，可以怨。邇之事父，遠之事君。」又曰：「興於《詩》，立於《禮》，成於《樂》。」又曰：「假我數年，卒以學《易》，可以無大過矣。」故莊周曰：「《詩》以道志，《書》以道事，《禮》以道行，《樂》以道和，《易》以道陰陽，《春秋》以道名分。」六經之爲道不同，而其以致用則一也。此周公、孔子之教也。及秦兼天下，席狙詐之俗，肆暴虐之威，遂乃蕩滅先王之典法，焚燒《詩》《書》，於時不特經之用不興，並其文字而殄滅之矣。漢興，購求遺經，於是羣經始稍稍復出，或得之屋壁，或得之淹中，或得之宿儒之口授，而固已殘闕失次，斷爛不全。賴其時一二老師大儒辛勤補綴，修明而葺治之。於是《易》有四家，《書》與《詩》三家，《禮》、《春秋》兩家，號爲十四博士。則章句所由興，家法所由異，漢儒之功，萬世不可没矣。自是而至東京、魏晉，以逮於南北朝，累代諸儒遞相衍説，辨益以詳，義益以明，而其爲説亦益以多矣。及至唐人，乃爲之定本、定注，作爲《釋文》，舉八代數百年之紛紜一朝而大定焉，天下學者耳目心志斬然一齊，兼綜條貫，垂範百代，庶乎天下爲公，而可謂之大當也。然其於周公、孔子之用，猶未有以明之也。及至宋代，程朱諸子出，始因其文字以求聖人之心，而有以得於其精微之際，語之無疵，行之無弊，然後周公、孔子之真體大用如撥雲霧而睹日月。由今而論，漢儒、宋儒之功，並爲先聖所攸賴，有精粗而無軒輊，蓋時代使然也。道隱於小成，辨生於末學，惑中於狂疾，誕起於妄庸。自南宋慶元以來，朱子既没之後，微言未絶。復有鉅子數輩蠭起於世，奮其私智，尚其邊見，逞其駁雜，新慧小辨，各私異見，務反朱子。其所謂道非道，而所言之躓不免於非，其於道，概乎未嘗有聞焉者也。逮於近世爲漢學者，其蔽益甚，其識益陋。其所挾惟取漢儒破碎穿鑿謬説，揚其波而汩其流，抵掌攘袂，明目張膽，惟以詆宋儒、攻朱子爲急務。要之，不知學之有統，道之有歸，聊相與逞志快意以鶩名而已。吾嘗譬之，經者，良苗也。漢儒者，農夫之勤菑畬者也，耕而耘之，以殖其禾稼；宋儒者，穫而舂之，蒸而食之，以資其性命，養其軀體，益其精神也。非漢儒耕之，則宋儒不得食；宋儒不舂而食，則禾稼蔽畝，棄於無用，而羣生無以資其性命。今之爲漢學者，則取其遺秉殢穗而復殖之，因以笑舂食者之非，日夜不息，曰：吾將以助農夫之耕耘也。卒其所殖不能用以置五升之飯，先生不得飽，弟子長飢。以此教人，導之爲愚；以此自力，固不獲益。畢世治經，無一言幾於道，無一念及於用，以爲經之事盡於此耳矣，經之意盡於此耳矣。其生也勤，其死也虚，其求在外，使人狂，使人昏，蕩天下之心，而不得其所本。雖取大名如周公、孔子，何離於周公、孔子？其去經也遠矣。嘗觀莊周之陳道術，若世無孔子，天下將安所止？觀漢唐儒者之治經，若無程朱，天下亦安所止？或曰：天下之治，方術多矣，百家往而不反，小大精粗，六通四辟，一曲之士，各有所明，雖不能無失，然大而典章制度，小而訓詁名物，往往亦有補前儒所未及者，何子罪之深也？曰：昔者周嘗封建諸侯矣，諸侯而下爲卿大夫，卿大夫而下爲士，士之下爲庶人。周固天下之共主也。及至末孫王赧，不幸貧弱負責，無以歸之，逃之洛陽南宮謻台。當是時，士庶人有十金之産者因自豪，遂欲以問周京之鼎。是以罪之也。十金之産，非不有挾也，其罪在於問鼎。後世之學者，不幸不見天地之純，古今之大全，賴程朱出而明之，乃復以其謏聞駁辨，出死力以詆而毁訾之，是何異匹夫負十金之産而欲問周鼎者也，是惡知此天下諸侯所莫敢犯也哉！故余既明漢儒之有功若彼，而復辨諸妄者之失若此。後有作者，亦足以明余非樂爲是譊譊也，其亦有所不得已焉者也。

漢學商兑序例

近世有爲漢學考證者，著書以闢宋儒、攻朱子爲本，首以言心、言性、言理爲厲禁。海内名卿鉅公，高才碩學，數十家遞相祖述，膏脣拭舌，造作飛條，競欲咀嚼。究其所以爲之罪者，不過三端：一則以其講學標榜，門户分争，爲害於家國；一則以其言心、言性、言理，墮於空虛心學禪宗，爲歧於聖道；一則以其高談性命，束書不觀，空疏不學，爲荒於經術。而其人所以爲言之指亦有數等：若黄震、萬斯同、顧亭林輩，自是目擊時敝，意有所激，創爲救病之論，而析義未精，言之失當；楊慎、焦竑、毛奇齡輩，則出於淺肆矜名，深妒《宋史》創立《道學傳》，若加乎《儒林》之上，緣隙奮筆，忿設詖辭；若夫好學而愚，智不足以識真，如東吴惠氏、武進臧氏，則爲闇於是非。自是以來，漢學大盛，新編林立，聲氣扇和，專與宋儒爲水火。而其人類皆以鴻名博學爲士林所重，馳騁筆舌，弗穿百家，遂使數十年間承學之士耳目心思爲之大障。歷觀諸家之書，所以標宗旨、峻門户，上援通賢，下讋流俗，衆口一舌，不出於訓詁小學、名物制度。棄本貴末，違戾詆誣，於聖人躬行求仁、修齊治平之教，一切抹摋。名爲治經，實足亂經；名爲衛道，實則畔道。公孫禄所謂「顛倒五經，使學士疑惑」者也。猶幸顯悖於道，不足以惑人，然豈可不察乎！昔孟子不得已而好辨，欲以息邪説，正人心。竊以孔子没後千五百餘歲，經義學脈至宋儒講辨始得聖人之真。平心而論，程朱數子廓清之功，實爲晚周以來一大治。今諸人邊見傎倒，利本之顛，必欲尋漢人紛歧異説，復汩亂而晦蝕之，致使人失其是非之心，其有害於世教學術，百倍於禪與心學。又若李塨等以講學不同，乃至説經亦故與宋人相反，雖行誼可尚，而妒惑任情，亦所不解。東樹居恒感激，思有以彌縫其失。顧寡昧不學，孤蹤違衆，河濱之人，捧土以塞孟津，不自度其力之弗勝也。要心有難已，輒就知識所逮掇拾辨論，以啓其端，俟世有真儒出而大正焉。倘亦識小之在人，而爲采獲所不棄與！道光丙戌四月桐城方東樹

凡例 十則

一　此書仿朱子《雜學辨》例，摘録原文，各爲辨正於下。曾南豐曰：「禁邪説者，固將明其説於天下也。」

一　甘泉湛氏《楊子折衷》，低一格寫慈湖語，頂格寫自著駁語。此時俗誤沿場屋低一格寫題目式，概以低二格寫題之謬，固是小失。今録諸家原文頂格寫，自爲辨説低一格寫。

一　摘録原文，仿蔡節《論語集説》例，全舉一家者，則獨書姓氏；參舉一兩家者，則各注某人某書於本語上下，皆頂格寫。其采合衆説、翦裁聯絡、潤以己意爲辨者，兼用馬氏《繹史》例，叙明某人某書，皆低格寫。其推極義類、旁見側出、非爲正文者，易蔡氏低一格寫例，爲低二格寫。或不欲舉其人，則采艾南英《明文待序》語，隱其姓名而詳辨其説，一以「或謂」概之。艾所隱者，顧亭林考之爲楊起元。起元粤之歸善人，登萬曆丁丑會試第一，仕至吏部右侍郎，師羅汝芳，傳良知之學，所撰有《諸經品節》二十卷，自題曰「比邱」，殊可駭怪。又撰《證學編》四卷，尤爲誣誕。

一　援引事類，或推衍餘意，亦關正文而辭冗不可屬者，仿《古史》、《繹史》例，以類附注句下，使語不相離而文仍相屬。

一　援引事類，有向沿謬誤，學者罕知，仿《四庫提要》例，爲考辨附訂於下。

一　閻若璩稱著書有後説足訂前説者，不敢遷就前説，自注駁正。如自駁前用劉原父「十月之交辛卯朔日食」説。此祇可施之長編大帙，或前書已行，如康成注《詩》、《禮》之類。見《詩·邶風·燕燕》正義引鄭《禮記注》。余此書雖於脱稿後，繼見之書有足訂前説者，隨時修改，不復紛歧，自亂其例。

一　唐李涪《刊誤》、宋程大昌《演繁露》於所引諸書著明某篇某卷，令觀者易于檢校。近時陳厚耀等仿之。余蕭客《古經解鉤沉》一一各注其所出之書，並倣《資暇集》、《龍龕手鑑》之例，兼著其書之卷第，以示有徵。按《資暇集》惟引《通典》注卷第，其餘亦不盡然。此雖足矯明人杜撰之弊，然亦近繁而費矣。余此書援引事文，一字一語必根柢典籍，不敢杜撰鑿空肊語。然止著明某人某書，至其篇卷，不復煩黷。惟長編巨帙，間亦注卷。至援引諸書，原書未見，第著所引之書，仿惠棟、王懋竑例，自注未見原書。後見錢氏《養新録》，言江少微《事實類苑》竟體注卷。又《道藏》王懸河《三洞珠囊》引書注卷，王亦唐人。

一　此書所辨，特論其綱領宗旨。宗旨既剖，則以讀羣書，是非白黑，一覽易明，如伐樹本，枝葉自枯。若諸家所著，無慮數百十種，條而辨之，亦非數十百卷不可了。力有未給，姑俟能者。倘有以楊龜山辨《三經義》見擬者，則吾不堪也。

一　此書本止一卷，首尾脈絡相貫，以篇葉較多，分爲三帙。首溯其畔道罔説之源；次辨其依附經義小學似是而非者；次爲總論，辨其詆誣唐宋儒先而非事實者。推闡義理，必持平審正，不敢以目睫一孔邊見，偏宕放激，取罪於世。但其爲説，千歧萬派，

一　雖頗辭費，而非好爲支離。蓋亦若《論衡》所云「宅舍多，土地不得小；户口衆，簿籍不得少；失實之詞多，虛誣之語衆，指實定宜，辨論之言，不得徑約」者也。

一　昔司馬子長稱「自託於無能之辭，網羅天下放失舊聞」，「究天人之際，通古今之變，成一家之言」。顧子長所網羅者，放失之事蹟也；兹之所網羅者，放失之義理也。夫義理著在人心，何得云有放失？然爲雜説所汩，恒數百十年而至道不明。《尚書》曰「道心惟微」，惟其微也，故易失而難見。莊子曰：「至言不出，則俗言勝也。」故子長之書，欲成一家之言；義理之書，第還天下之公言而已，無欲私爲一己之能意也。

漢學商兑題辭

研究大箸，宏博淵通，沉精明辨，息羣言之喙，區大道之途。書成一家，義綜百氏，洵斯文之木鐸，爲正學之明鐙。小師破道者，既以啓瞶發聾；株守陳言者，亦足發揮旁達。蓋周秦以下有數之書，不僅捄目前之失而已。篇中辨漢學之誣猶易見，至辨黄、顧諸君之失，程、朱、陸、王、儒禪兩家幾微毫釐之差，字字如犀分水，使人昭然發蒙，孟子所謂「聖人復起，不易吾言」者也。此書有功聖道，其力量豈不越昌黎而上耶！姚瑩識

吾始讀植之書，有曰：「今之言漢學者，詆毁程朱，欲使有宋不得爲代，程朱不得爲人。」甚訝其言之過。後見黄文暘所著《通史發凡》，以漢及曹魏、西晉、後魏、北周、隋、唐、遼、金、元十代繫以正統。於北宋書汴州盜趙匡胤，與汴州盜朱温、廣州盜劉隱並附于《遼紀》之後。於南宋書降將趙構，與降將劉豫、張邦昌並附于《金紀》之後。由其惡程朱而並及其代，其肆妄如此。然後信植之之言非虚搆也。當喜新尚異之時，而諸家之書盛行於世，及今不辨，恐他日習非勝是，爲後學之害不淺。然則植之此書所以正人心，維世道，非止一時之書，而天下萬世之書也。惜天下之寶者當共寶之。朱雅識

弗穿羣籍，兼綜百氏，康成也；理足辭明，折衷平允，質之前聖而無疑，俟之百世而不

惑，朱子也。植之此書，實兼是二者。然則姚、朱之言，非溢美也。陽湖陸繼輅

不偏讀羣書，不足知其援據該洽；不精深窮理，不足知其折衷允當；不能包括古今義理是非，不足以周知此書之藴。歷選前哲之著，其間議論醇駁偏全之數，曾不得植之之髣髴，真吾道干城也。元和沈欽韓

讀大著，私心暢然，知負荷世教自有人也。曩時讀書甚不喜康成，然於朱子亦時時腹誹。讀先生書，敬當力改其失，其爲賜豈有量哉！竊謂漢宋紛紜，亦事勢相激而然，得先生昌言之，拔本塞源，廓清翳障，程朱復明，此亦「功不在禹下」者也。非博學深思，安能得此明辨哉！武進李兆洛

孟冬奉教，深慰二十餘年傾向，欣幸何既。閣下學問文章，閎博冲粹，當求之古大賢中，豈特足爲蠢愚師哉！此編博學慎思明辨，實爲南宋以來未有之書，真朱子功臣也！寶山毛嶽生

陶雲汀宫保曰：「所論漢宋之學得失利害，粹然豁然，多與鄙見相符。晰而不枝，覈而能當，具見根柢淵通，自是一時無兩。」

佟鏡塘方伯：「某束髪受書，少長即潛心周、程、張、朱諸大儒之學。既服膺有年，益信其切近平實，不過求之君臣父子兄弟夫婦朋友、耳目口鼻、日用動静之間，而極之可賅家國天下齊治平之大凡，歷聖授受心法，與人之爲人，胥是道也。承學之士矜訓詁之一得，目爲空疏。某嘗思有以止之，雅不欲與人辨難，僅就向所服習者，爲《讀性理述》、《絅齋劄記》二刻，以明義理之可守。今乃得植之《漢學商兑》讀之，其説臚列害道邪説，分晰辨詰，務拔其幟而後已。或曰：立説期於明理，訐人失而明吾得，門户所以分也。應之曰：非訐其説也，惡其説之害人心也。彼以義理爲空疏者，固已先病其心矣。人不至寒熱大作而七日不汗，雖良醫如和、緩，謂其病且死，彼必不受。植之亦恐人之不受也，提其病而示之，而人乃瞿然也。」

漢學商兑卷上

毛奇齡《西河集》辨道學，其略曰：「聖學不明久矣。聖以道爲學，而學進於道，然不名『道學』。凡『道學』兩字，六經皆分見之。即或併見，亦衹稱『學道』，而不稱『道學』。惟道家者流，自《鬻子》、《老子》而下，凡書七十八部，合五百二十五卷。按：今《四庫》著録四十部，四百三十二卷，存目一百部，四百六十四卷。毛氏但據《隋志》。雖傳布在世，而官不立學，衹以其學私相授受，以陰行其教，謂之『道學』。是以道書有『道學傳』，專載道學人，分居道觀，名爲『道士』。士者，學人之稱。而《琅書經》曰：士者何？理也。自心順理，惟道之從，是名『道學』，又謂之『理學』。逮至北宋，陳摶以華山道士，與种放、李溉輩張大其學，竟搜道書《無極尊經》及張角九宮，倡太極、河洛諸教，作道學綱宗。按：古今爭易圖者聚訟紛紜，一曰《圖》《書》所出之世，一曰《圖》《書》九十之數，一曰太極先後天方位爲周、邵因《易》而作，非羲文本有，不可以之説《易》。最甚者謂先天四圖爲出於道家修煉宗旨，而非聖人之學，以爲攻宋儒道學最初之證。吾謂太極之名、《圖》《書》之數、先後天方位皆本於《易大傳》，固孔子之言也。《傳》雖不言圖，然圖與《傳》縱横曲直，無不相值，不謬於聖人，固不可廢矣。《河》《洛》著於《易》，見於《論語》，其出於天無異説，而歐陽永叔指爲怪妄，近錢澄之謂《河》《洛》皆因《易》而作，胡渭謂先儒僞造《洛書》，亦過矣。若太極出周子先天，雖未決知所出，要皆《大傳》所言，而其所以發揮《易》道者，至精至密，非徒無害焉而已，實足垂教於天下萬世而無窮，斯亦可矣，果何所忌惡而必毁去之也。至九宮之法，見於《乾鑿度》，康成之注極著，非起於張角。張衡上疏極斥圖讖，而不非九宮、風角學，則又不自放、溉、希夷始搜得之。説《圖》《書》者，自漢孔氏、劉歆、揚雄、班固皆著於儒書，惟宋劉牧《易數鉤隱圖》三卷在《道藏》中，要是《道藏》收牧之書，非太極、《河》《洛》本出於道家也。《易》言「河出圖，洛出書，聖人則之」，明是伏羲則《圖》《書》以作《易》，故孔安國、揚雄、劉牧俱云《圖》《書》並出伏羲時，惟劉歆乃謂《圖》出伏羲時，伏羲以之作《易》；《書》出夏禹時，禹則之以作《範》。說者因謂《圖》《書》之體相似，故孔子挾句言之，如以卜筮者尚其占，亦挾句言之也。此説蓋得之《周禮・司巫》鄭司農注引「魯僖公欲焚巫尪」疏云「兼引尪者，挾句連引之」。河洛二圖，宋朱震始列於易圖之首，固依《大傳》之言，非無所本而妄作之比，故朱子從之。後來學者因惡朱子，故亟攻之。要之，非攻圖，攻朱子不應以之列於《易》耳。自林栗以來，無慮數十家，併爲一談，牢不可破，皆以易圖爲後人依託，非畫卦之本。雖吴澄、歸有光號爲宗朱者，亦皆著説争辨。《四庫提要》曰：「宋俞琰作《易外别傳》，以邵子《先天圖》闡明丹家之旨。考《先天圖》傳自陳搏，自南宋以來無不尊信。林栗、袁樞雖嘗據理直攻，猶未能抉其要。逮元延祐間，天台陳應潤作《爻變義藴》，始确指爲《參同》爐火之説。」爲道家假借《易》理，以爲修煉之術。胡渭作《易圖明辨》，力辨圖書、五行、九宫、先天、太極，「使學者知圖書之説，雖言之成理，執之有故，乃修煉術數二家，旁分《易》學之支流，而非作《易》之根柢」云云。黄宗炎作《圖書辨惑》，毛氏作《圖書原舛》，闢之尤力。至此指爲道家之術，希夷竊之以倡其教，固猶之諸家勦説已耳。然觀諸家之説雖堅，究竟諸圖之所以害於《易》、悖於四聖人者安在，亦不能言也。蓋《易》道至廣，後世九流雜家皆可附入，而二氏之書又往往假借附會，以自尊其教。若此諸圖，實見於孔子之言，諸人之疑，不過以漢儒未嘗言圖，故不肯信，遂並《大傳》經文不顧，所謂「寧信漢儒，不信孔子」，則試詰以《大傳》云云，曷爲渺無指据，而鑿空發語云爾哉？統觀近人所著書，攻道學、攻理學、攻易圖、攻《大學》、攻《集注》尊《小序》、攻淫詩、攻禪學、攻言心言性道、攻門户，千條萬端，皆意在朱子而已。至僞古文，則亦以朱門弟子無識輕信爲本指，大抵出於妒惑，逞私矜名，非真有萬不容已衛道憂世之誠也。

而周敦頤、邵雍、程顥兄弟師之，遂篡道教於儒書之間。

按：馬貴與曰：「晁氏曰：『朱震言程頤之學出於周敦頤，敦頤得之穆修，亦本於陳搏。』景迂云：『胡武平、周茂叔同師鶴林寺僧壽涯。其後武平傳於家，茂叔則授二程。』按伊川之學出自濂溪，此先儒通論也。而晁、朱之説以爲濂溪本於希夷及一僧，〔一〕則固老、釋之宗旨矣，此論未之前聞。」虞道園《君子堂記》云「昔周子特起於千載之下，上接前聖，《圖》《書》之作，天實啓之。而或者猶疑其説之别出」云云。樹謂異説之興，自古而然。此咸邱蒙、萬章之徒所疑而亟欲問，而孟子所爲不得已而好辨與？

至南宋，朱熹直丐史官洪邁爲陳摶作一名臣大傳，而周、程諸子則又倡《道學總傳》於《宋史》中，使道學變作儒學。凡南宋諸儒皆以得附希夷道學爲幸。如朱氏《寄陸子静書》云：『熹衰病益深，幸叨祠禄，遂爲希夷直下孫，良以自慶。』又《答吕子約書》云：『熹再叨祠禄，遂爲希夷法眷，冒忝之多，不勝慚懼。』

按：朱子《周易參同契考異》跋末自署「空同道士鄒訢」，《四庫提要》曰「蓋以鄒本邾國，其後去邑而爲朱，故以寓姓。《禮記》鄭氏注謂『訢』當作『熹』；又《集韻》『熹』虚其切，『訢』亦虚其切，故以寓名。殆以究心丹法，非儒者之本務，故託諸廋辭與？考《朱子語録》論《參同契》諸條，頗爲詳盡。《年譜》亦載『慶元三年，蔡元定將編管道州，與朱子會宿寒泉精舍，夜論《參同契》』。又與蔡書曰『《參同契》更無縫隙，亦無心思量，但望他日爲劉安之雞犬耳』云云。蓋遭逢世難，不得已而託諸神仙，殆與韓愈謫潮州時與大顛同游之意相類。故黄瑞節《附録》謂其師弟子有脱屣世外之意，〔二〕深得其情。黄震《日鈔》乃曰『《參同契》者，上虞人魏伯陽作，其説出《神仙》，不足憑。近世蔡季通學博而不免於雜，嘗留意此書，而晦庵與之游，因爲校正其書，頗行於世，而求其義則絶無之』云云。其持論固正，然未喻有託而逃之意也」云云。樹謂此論甚的。毛氏所指朱子與陸、吕兩書之云，其意亦猶是耳。蓋惟聖人之體道廣，又磨不磷，涅不淄，子路輩則不及知矣。黄震以魯男滯見非柳下，高子之爲《詩》也，後有知者，當參此微旨。昔朱子論張子房託意寓言，將與古之形解銷化者，相期於八紘、九垓之外，使千載之下聞其風者想像太息，不知其心胸面目爲何如人。余謂孔子欲居九夷，乘桴浮海，意亦

〔一〕朱，原作「宋」。朱即上文朱震，底本、道光本皆誤，據《文獻通考》卷一百七十六改。

〔二〕黄瑞節，原作「黄端節」，據《四庫全書總目》卷一百四十六及《宋元學案補遺》卷四十九改。

如是。此豈黃震所及知哉！又按《新序》介子推曰「謁而得位，道士不居也」、《漢書·京房傳》所偁「道人」，解者皆謂有道之士、有道之人，則道士，古人不諱偁。是道學本道家學，兩漢始之，歷代因之，至華山而張大之，而宋人則又死心塌地以依歸之。其爲非聖學，斷斷如也。」

按：向來疑宋儒者，譏其墮禪。此獨誣其篡道，雖焦竑、楊慎輩極力詆毀，皆未有若是之堅僻者。夫學道乃士人之職業，道學乃後人所加之名號，隨文各當，不可執著。古者治出於一，道在君師學校，而畎畝所樂者亦是。晚周以來，道始歧分。如老子所偁之道，稍過而偏，遂失中耳。再變而爲莊、列、楊、墨，其途益差。於是始有攻乎異端者，則所謂「道其所道，非吾所謂道也」。再變而以爐火、符籙、齋醮、章呪誣老子，於是不但道與儒分，而道與道亦分矣。《荀子》書偁「道經」，楊倞注謂「有道之經」，即《虞書》也。《漢·藝文志》曰：「道家者流，蓋出於史官，歷記存亡禍福、古今之道，然後知秉要執本，清虛以自守，卑弱以自持，此君人南面之術也。合於堯之克讓，《易》之謙謙，一謙而四益，此其所長也。及放者爲之，則欲絶去禮學，兼棄仁義，曰獨任清虛可以爲治。」《隋·經籍志》曰「自黃帝而下，聖哲之士所言道者，傳之其人，世無師說。漢時，曹參始薦蓋公能言黃老，文帝宗之。自是相傳，道學衆矣。下士之爲〔一〕，不推其本，苟以異俗爲高，迂誕譎怪而失其真」云云。如陶弘景《真誥》，朱子謂其皆竊佛家之至鄙至陋者爲之。《四庫提要》曰：「後世神怪之迹多附於道家，道家亦自矜其異。要其本始，則主於清静自持，而濟以堅忍之力。以柔制剛，以退爲進，故申、韓流爲刑名，而《陰符》可通於用兵。其後長生之説與神仙合爲一家，而服餌、導引、房中皆入之。鴻寶有書，燒煉入之；張魯立教，

〔一〕 下士之爲，《隋書·經籍志》作「下士爲之」。

符籙入之；北魏寇謙之又以齋醮、章呪入之。」又曰《漢志》道家、神仙「本截然兩途，黄冠者以丹方、符籙炫其神怪，名爲道家，實神仙家也。黄老之學，漢代並偁，然言道德者偁老子，言靈異者偁黄帝，名爲述説老子，實皆依託黄帝也。其恍惚誕妄，爲儒者所不道，其書亦皆不足録。顧其書名，歷代史志皆著於録」云。宋張君房作《雲笈七籤》一百二十卷，類例指歸，科條綱格，無不該備，《道藏》精華，大略具此。又明道士白雲霽作《道藏目録詳注》四卷，其七部分三洞、四輔，爲舊《道藏》目録，與《雲笈七籤》合其七部子目分十二類，則所新續之目也。「三洞者：一洞真部，元始天尊所流演，是爲大乘上法；二洞玄部，太上老君所流演，是爲中乘中法；三洞神部，亦出太上老君，是爲小乘初法。四輔者：一太玄部，洞真之輔也；二太平部，洞玄之輔也；三太清部，洞神之輔也；四正一部，三洞、四輔所會歸也。每條各爲解題，仿《崇文總目》《直齋書目》例。但所列諸書多有非爲道家言者，一概收入，殊多牽强。然考道家之源委，此書實爲總匯」云。又元道士李道謙撰《甘水仙源録》十卷，以爲「老子言清静，佛言寂滅，神仙家言養生術，而張魯以符籙祈禱爲教，四者各别。至金源初，咸陽人王嘉棄家學道。正隆中，自偁遇仙於甘河鎮，飲以神水，遂自號重陽子。大定中，抵寧海州，馬珏夫婦築庵事之。立三教平等會，以《孝經》《心經》《老子》教人諷誦，而自名其教曰全真。由是四方之人宗其道者，皆號全真道士」云。「都卬《三餘贅筆》曰：今之道家，有南、北二宗。其南宗者，謂自東華少陽君得老聃之道，以授漢鍾離權，權授唐進士吕巖、遼進士劉操，操授宋張伯端，伯端授石泰，泰授薛道光，薛授白玉蟾，白授彭佀。其北宗者，謂吕巖授金王嘉，嘉授七弟子：其一丘處機，次譚處端，次劉處玄，次王處一，次郝大通，次馬珏及珏妻孫不二」云云。「其説甚詳，然孰見其授受乎？厥後三教歸一之説浸淫而及於儒者，明代講學家矜爲秘密，實則嘉之緒餘耳」。又元陳采作《清微仙譜》，偁「道教啓于元始，一再傳至老君，分爲四派：曰真玄，曰太華，曰關令，曰正一」，大率荒誕，不足辨真僞也。又按《後漢書·襄楷傳》言宫崇上《太平經》，注引《江表傳》言于吉「燒香讀道書，制作符水，以除災病」，「孫策言交州刺史張津舍前聖典籍，廢漢家法制，鼓琴焚香，讀邪俗道書，云以助化，卒爲蠻夷所殺」。張魯祖父陵，學道雞鳴山，造作符書。熹平中，妖賊張脩爲太平道，張角爲五斗米道。則道教妖妄，自漢代始之。至其所以爲説，則若《隋志》所論《道經》云云者是也。蓋自漢儒分道爲一家，而道之正名實體大用皆不見，惟獨董子、韓子及宋程朱始本六經孔孟之言而發明之，而聖學乃著。董子曰：「道之大原出於天。」韓子《原道》首揭仁義。道猶路也，言天下古今所共由之路也。程子曰：「天有是理，聖人循而行之，所謂道也。」故曰「夫道若大路然」。其原出於天而率於性，而行之必以中正，故程子謂「中者，天下之正道」，而孟子亦謂之正路也。《洪範》曰「無偏無黨，王道蕩蕩。無黨無偏，王道平平。無反無側，王道正直」，言道也。「無有作好、惡，而遵王之道、路」，言學道也。《詩》曰：「周道如砥，其直如矢。君子所履，小人所視。」砥、矢言道，履、視亦言學也。故曰：「道也者，不可須臾離也。」周公立政，曰：「師以道得民。」〔二〕又曰：「論道經邦。」孔子曰：「志於道。」子夏曰：「君子學以致其道。」凡堯舜之道、文武之道、《大學》之道，何莫非聖學也。至於理者，許慎説爲治玉之名，吾以此詁猶後起之義。要之，條理、義理、文理皆本天道之自然，故曰「天理」。凡見於六經載籍者，古今無異論。戴震據《莊子》以牛之腠理爲天理，以攻宋儒説理之謬，不知腠理政理之確解，震不悟耳。《莊子·養生主》庖丁解牛「依乎天理」，注曰：「牛之腠理，有自然之縫。」又曰：「彼節者有間，而刀刃無厚，以無厚入有間，恢恢乎其於游刃，必有餘矣。」又《公食大夫禮》「倫膚七」，鄭注：「倫，理也。謂精理之脆絶者。」蓋因天下萬事萬物，皆有如此自然之間縫條理，無事不然，無物不具，故名之曰理

〔二〕　師以道得民，《周禮·天官·大宰》作「三曰師，以賢得民；四曰儒，以道得民」。

也，而味者猶闢之。龍溪李威曰：「理字見於三代典籍者，皆謂條理。《易》曰：『君子黃中通理。』又曰：『和順於道德而理於義。』又曰：『將以順性命之理。』《詩》曰：『我疆我理。』《周禮·考工記》曰：『陽也者，稹理而堅；陰也者，疏理而柔。』《中庸》曰：『文理密察。』《孟子》：『謂理也，義也。』又曰：『始條理也，終條理也。』其義皆同。未有以爲至精至完，無所不具，無所不周，爲萬事萬物之祖者也。《論語》，孔門授受之書，不言及理。何獨至於宋儒，乃把理字做個大布袋，精粗鉅細，無不納入其中。至於天亦以爲即理，性亦以爲即理，却於物物求其理而窮之。凡説不來者，則以爲必有其理；凡見不及者，則以爲斷無是理。從此遂標一至美之名曰理學，竟爲古昔聖賢未開之門庭，不亦異哉？」按：此説蔽昧無知，殆由病狂，喪其心之神識而譫語也。夫三代典籍所同謂條理者，政此理字的解，何得是二五而非十邪？譬如言古今典籍，但曰人身、人心、人手、人足、大人、小人、貴人、賤人、男人、女人、賢人、愚人，何得獨以一人字做個大布袋，賢愚貴賤男女手足身心盡納其中，而統名之爲人。李氏乃説，何以異是？而戴氏、阮氏諸家之蔑理者，謂程朱「以理禍斯民」、「理必附於禮而行」，皆同此譫狂而已。

夫以堯、舜、周、孔之聖學，號而讀之曰道，循而求之曰理，此古今之通義，不悟以此乃犯不韙。至其以後世分居道觀之羽流黃冠，而謂周、程、張、朱與之同類，非但誣而失是非之心，又將使來學視周、程、張、朱爲異端而斷其非聖學。此其爲害，豈在洪水猛獸下也？

古之學者在學校畎畝，惟神仙道士皆棲神山澤，吐納清虛。其生之所居，或曰靜室，曰精舍，其死即或祠之。如《莊子》倂藐姑山，燕昭王、漢武帝使人求蓬萊山。王子喬駐緱氏山，後人即立祠山下。浮丘公接王子晉上嵩高山。陵陽子入黃山採玉芝。鬼谷子居清溪山，山東有泉，泉側有道士精舍。《十洲記》曰：「滄浪海島中有石室，九老仙都治處。」「承淵山有金臺玉樓，流精之闕，瓊華之室，西王母之所治。」《淮南子》曰：「傾宮旋室，在崑崙閶闔之中。」《江表傳》言于吉初來吳會，立精舍。梁周子良作《冥通記》，稱道士之居名治堂。「觀」本樓觀之名，《爾雅·釋宮》：「觀謂之闕。」郭注：「宮門雙闕。」疏：「《周禮·大宰》：『懸治象之法於象魏，使萬民觀治象。』《白虎通》：『使人觀之謂之觀。』是觀與象魏、闕，一物而三名。」若白虎、高昌、建城、龍堂、細柳等名皆是，故曰「高樓飛觀」，又曰「連觀飛榭」。至於以觀像設仙真，居道士，據《初學記》載《樓觀本記》云：「周穆王好神仙，因尹真人學制樓觀，遂召幽逸之士，置爲道士。平王東遷，又置道士七人。」《元和郡縣志》亦襲是説。元道士朱象先《終南山説經臺碑記》、李道謙《終南山祖庭仙真内傳》偁終南山樓觀爲尹喜故居，故其徒謂之祖庭。是編載歷代羽流居是觀者，道謙所編皆元人，象先所纂則自尹喜而下周、漢人也。象先自跋《樓觀先師傳》云：尹喜弟尹軌撰。至唐有尹文操者續紀。則觀居道士，其來已遠，要皆虚誕不足深詰。夫尹喜與老子同時，而《初學記》謂爲穆王時人，尚足辨哉？觀爲宫闕之名，後世以居道士，猶之寺本官府，始漢明帝以鴻臚寺居攝摩騰、竺法蘭，後世遂以寺爲浮屠所居之常名矣。

希夷之爲聖學與非，即不敢知；若周、程、張、朱所述，非聖學而何！河洛、先天、太極諸圖，即以爲希夷所傳，非聖學；而周、程、張、朱所發明六經大義、古聖微言，不止在此。其書著爲功令，風厲學官，用以取士，非私授陰行之比，何得一概詆之而斷其非聖學也？當日林栗劾朱子，偁朱爲「道學」。葉適上疏争之，曰「小人殘害忠良，率有指目。近創爲『道學』之名，鄭丙倡之，陳賈和之」云云。攻道學者，鄭丙、陳賈、何澹、劉德秀、劉三傑、胡紘、林栗。栗字黄中，與朱子論《易》、《西銘》不合者。澹本生繼母喪，禮寺言當解官，澹引不逮事之文，太學生喬嘉、朱有成移書責之乃去。寧宗以嫡孫議行孝宗三年服，紘與朱子争言止當服期。丙字丙如，四明人。〔一〕則「道學」之名，非雒、閩諸賢所自號亦明矣。至於元修《宋史》，非周、程諸子所及逆知。毛氏謂「周、程諸子倡《道學總傳》於《宋史》中」，非事實也。昔宋周公謹

〔一〕鄭丙字少融，福州長樂人。字炳如而四明人者乃高文虎。方氏誤記。

周密，錢塘人，寶祐間爲義烏令，入元不仕，自稱弁陽老人。弁山在湖州。有言曰：「伊洛之學行於世，至乾道、淳熙間盛矣。其能發明先賢旨意，溯流徂源，論著講解卓然自爲一家者，新安朱氏元晦，尤淵深精詣。蓋其以至高之才、至博之學而一切收斂，歸諸義理。其上極於性命天人之妙，而下至於訓詁名數之末，未嘗舉一而廢一。蓋孔孟之道至伊雒而始得其傳，而伊雒之學至朱氏而始無餘蘊。必若是，而後可言道學也已。外若廣漢張敬夫、東萊呂伯恭，亦皆以其學傳授，而陸子静、張子韶往往流於異端。子韶參宗杲，子静參杲之弟子德光。程子所謂今之異端，因其高明者也。至於永嘉諸公，則以詞章議論馳騁，固已不可同日語也。世又有一種淺陋之士，自視無堪以爲進取之地，輒亦自附於道學之名，褒衣博帶，危坐闊步。或抄節語録以資高談，或閉眉合眼號爲默識。而叩擊其所學，則於古今無所聞知；考驗其所行，則於義利無所分別。此聖門之大罪人，吾道之大不幸，而遂使小人得以藉口爲僞學之禁，而君子受玉石俱焚之禍者也。韓侂胄用事，遂逐趙忠定，凡不附己者，指爲道學而盡逐之。已而知『道學』二字非不美之名，於是更目爲僞學。臣僚之薦舉，進士之結保，皆有『如是僞學，甘服朝典』之辭。」高文虎博洽自負，與胡紘共攻道學，久司學校，凡言性命道德者皆黜之。又按：政和間，以詩爲元祐學術，御史李彦章遂上疏論淵明、李、杜以下皆貶之，因詆黄、秦、晁、張，請爲科禁。至著於律令，士庶傳習者杖一百。又史彌遠因惡陳起，遂下詔禁作詩。此在當日，出於蔡京、韓侂胄、史彌遠者，猶曰有故。今時漢學考證家之出力苦攻宋儒道學，徒出争名好勝之私妄，遂昧心而忘其爲小人之歸矣。尤袤、劉光祖、王介之辨明切如彼，今學人猶承餘臭邪？一時嗜利無恥之徒，雖嘗自附於道學者，往往改易衣冠，强習歌鼓，欲以自别。甚者鄧友龍輩，附會迎合，首啓兵釁。鄧友龍，長沙人，初從張南軒游，後攻道學，遂諱之。嘉泰間，韓侂冑欲立蓋世功名，議恢復。鄧友龍附和之，以逐樓機。又《齊東野語》論秦檜之主和、韓侂冑之恢復，皆有所由。論世者不可不知其故。而向之得罪於慶元初者，亦從而和之，可歎也已。」《癸辛雜識》載吴興老儒沈仲固論道學之蔽一條，亦不可不知。要之此皆小人依附，非真道學諸賢實貽之害也。《抱朴子》云：「噎死者不可咎神農之教稼，燒死者不可怒燧人之鑽火。」按：論道學之真僞得失，無如此説之詳盡者。余故録之，以著其實，使知世所譏於道學者，自指此輩。而向來誣善之徒，直集矢於程朱，是不可不辨也。又朱子有《答周益公書》，其末一條辨學道之言云：「以道爲高遠玄妙而不可學邪？則道之得名，正以人生日用當然之理，猶四海九州百千萬人當行之路耳。非若老、佛之所謂道者，空虚寂滅而無與於人也。以道爲迂遠疏闊而不必學邪？則道之在天下君臣父子之間，起居動息之際，皆有一定之明法，不可頃刻而暫廢。故子游誦夫子之言曰『君子學道則愛人，小人學道則易使』，而夫子是之。若謂雖嘗學之，而不當自命以取高標揭己之嫌邪？則爲士而自言學道，猶爲農而自言其服田，爲賈而自言其通貨，亦非所以爲夸。若韓公至乃自謂己之道，乃夫子、孟軻、揚雄所傳之道，則其言之不讓益甚矣。見《答張籍書》。《唐書》籍本傳亦載之。又可指爲後生之語而疑之邪？」又劉爚奏言「宋興，六經微旨、孔孟遺言發明於千載之後，以事父則孝，以事君則忠，而世之所謂道學也。慶元以來，權佞當國，惡人異己，指道爲僞，屏其人，禁其書。學者無所依鄉，義利不明，趨向汙下，人欲横流，廉耻道喪。望其於既仕後職業修，名節立，不可得也。追維前日禁絶道學之事，不得不任其咎」云云。竊謂此事之在當日，猶爲有激而然，勢不兩立。今學者幸生盛世，一道同風，何所惡於斯名？而稱引無稽，詭理反正，疑亂學術，雖欲自絶，何傷日月也。或因毛氏此言，遂偁《太平御覽》引《道學傳》第六百六十卷《道士部》引《道學傳》。有燕濟、鮑靚、王嘉、嚴遵等二十三人，今《道藏・洞真部・傳記》中無《道學傳》，蓋自被宋人以道學之名，而道學隱矣云云，此尤爲謬陋。奈何輕吾道而惜彼道之隱，轉若有憾辭邪？世以道學、理學爲詬病也衆也久矣。余故首爲正其名，以究其所失之源焉。其餘先儒之論載見於馬氏《通考》者，卷二百十一《道家》、二百二十四《神仙家》學者具見，不備述也。

萬氏斯同撰《儒林宗派》，其恉以爲自《伊雒淵源録》出，《宋史》遂分《道學》《儒林》爲二傳。非惟文章之士不得列於儒，即自漢以來傳聖人之遺經者，亦不得列於儒。講學者遞相標榜，務自尊大。明以來談道統者，揚己淩人，互相排軋，卒釀門户之禍。

按：朱子撰《伊雒淵源録》，本以考實前輩師友學行，不没其真，以爲來者矜式。逮其後聲氣攀援依附，分立道學門户，此末流之敝，古今類然。祇可因時救正，而不得惡莠亂苗，並追咎於教稼者也。至於元修《宋史》，本此書創立《道學傳》，非朱子所逆覩。乃世遂援此以爲罪朱子鐵案，豈非周内與？昔韓侂胄初禁道學，後猶知道學之名非爲不美。今學者生當日久論定之後，而猶以道學爲詬病，雖生於妒惑，亦由智識卑陋，不自知其然而然也。

《宋史》創立《道學傳》，實爲見周、程、張、朱躬行實踐，講學明道，致廣大，盡精微，道中庸，厥功至大，實非漢唐以來諸儒所可並。平心而論，誠天下人心之公，即以爲後來諸儒不容濫登此傳，而周程五子固無忝矣。不知「道學」二字，犯何名教，害何學術，必欲攘袂奮臂，作寃親仇主，鋌爲訟首，試叩其本心何居，豈非甘自外於君子，犯名教之不韙，而以惡直醜正自標揭也。君子一言爲知，一言以爲不知，叔孫之毁，何傷日月也哉？又考《大全集》五十九卷《答吴斗南書》，則《淵源録》乃朱子未定之書，亦非自命名。

又錢受之爲琴川毛氏作《新刊十三經注疏序》，内云：「宋之學者，自謂得不傳之學於遺經，掃除章句，此語誣而非實。朱子説經，並未廢章句，詳見下卷。而歸之於身心性命。近代儒者，遂以講學爲能事，其講學愈精，其言知性知天愈渺而窮，究其指歸，未必如章句之學有表有坊也。漢儒謂之講經，通經以致用也。講經而不反之身心，何用講？更何用經也？而今世謂之講道，離經講道，離經講道，無有是事也。辨見卷中之下第十一葉。賢者高自標目，不肖者汪洋自恣，則亦宋儒掃除章句者導其先路也。修《宋史》者於是分《道學》《儒林》爲兩傳，《儒林》則所謂章句之儒，《道學》則所謂得不傳之學者也。《儒林》《道學》分而古人傳注箋解義疏之學無復遺種。現所新刊者，即是歷世傳習，何云「無復遺種」？且宋後列史自有《儒林》，何得云爾？此亦古今經術升降絶續之大端也。」按：《漢書》翼奉曰：「聖人名之曰道，賢者名之曰經，則《易》《書》《詩》《春秋》《禮》《樂》是。」錢氏蓋不足以知此也。」樹按：錢氏誖畔之徒，本不知學，焉識是非！即如此論，誣謬蔽昧，無一語中理，實本不足與細辨。但近時攻道學者悉同此指，奉爲篤論，故附録於此，以見邪説之興，必自邪人倡之也。錢在懷宗時，爲張漢儒、温體仁、蔡奕琛所攻，上疏自辨，其言有曰：「皇上全臣之軀命，尤不若全臣之名節。全臣之軀命，臣之得生在一身、在一家；全臣之名節，臣之得生在天下、在後世。」又曰：「若無行義，壞名節，聖主不以爲臣，哲父不以爲子，生難戴面爲人，死當薦棘毒以入地。臣讀聖賢之書，奉父師之訓，於名節二字，亦既籌之熟矣，而謂臣忍爲之哉！」又曰「古未有城破而不死之縣令，陷賊而不死之臣子」云云。其言如此，不知其後降李賊時，用章句坊表與？用離經講道者之身心性命與？然不待至是而後敗也。即當上疏時，力辨已非東林、復社之黨，已自外於君子矣。此《序》之矯誣，政其根本如是也。

考上古聖人，不以儒名。周公設官分職，始別師儒之用，而師較優。《禮記·文王世子》：「凡始立學者，必釋奠於先聖先師。」禮家謂考之經傳，未嘗舉其人以實之。鄭氏康成於先聖言周公若孔子，於先師以爲若毛公、伏生、高堂生、制氏，於國故言若唐虞有夔龍、伯夷，周有周公，魯有孔子。宋長樂劉氏以舜、禹、湯、文爲先聖，要皆臆度之辭。漢魏以還，或以周公爲先聖，孔子爲先師；或以孔子爲先聖，顔回爲先師。唐顯慶以後，從房喬等議，始定而不改。開元八年，以左丘明、子夏以下二十二人爲先師，後升子夏，止二十一人。配食孔子。宗康成注説，以專門訓詁爲盡得聖道之傳。近漢學諸人專主此宗旨。馬端臨、明宋濂等皆不謂然。弘治元年，程敏政考正祀典，欲黜荀況、王弼、馬融、何休等八人，議未行。嘉靖九年，張璁更正典禮，采宋真宗詔旨，以孔子爲至聖先師，而先聖、先師始合爲一，其配位改稱先賢、先儒。罷公伯寮、秦冉、顔何及荀況、戴聖、劉向、賈逵、馬融、何休、王肅、王弼、杜預、吴澄從祀；林放、蘧瑗、盧植、鄭衆、鄭玄、服虔、范甯各祀於其鄉；進王通、歐陽修、胡瑗、陸九淵從祀。吾友沈君欽韓《義塾附祀先儒議》謂：「璁、萼改稱孔子爲至聖先師，不特歷代典故未考，並《禮記》未能通曉。」愚謂孔子以人臣爲帝王師，稱爲先師，於義無害，加以「至聖」，於義尤備，愈於素王、世家之虚誣無據矣。沈君主漢人，自名其所受經爲先師，與唐貞觀所褒二十二人，爲符於《禮》先師之義。此亦仍顧亭林舊説。不知此祇是經師改稱先儒，亦無不可。張璁邪人，附會時主私意，非真能正典禮者。然此議自爲可采，但不當罷及康成從祀耳。國朝雍正二年，復祀先賢蘧瑗、林放、秦冉、顔何，先儒鄭康成、范甯，升周、程、張、邵爲先賢。乾隆三年，復祀先儒吴澄。其餘增祀先賢、先儒，或有爲顧亭林、張考夫所欲斥者，玆不備載，亦不備論。吴履震《五茸志逸》云：「陸平泉爲宗伯時，議陽明從祀，須俟論定。陶大臨曰：『朝廷不惜以伯爵酬功，何況廟祀？』陸曰：『伯爵者，一代之典；廟祀者，萬世之典。』卒不能奪。」然儒之名義無定。如孔子告子夏有君子、小人之殊，《荀子》書有賤儒、愗儒之譏。《後書·賈逵傳》注引《風俗通義》、何休《公羊解詁序》及徐彦《疏》所引《繁露》等説，皆有美有惡，故謂「儒者，區也。言其區别古今，居則玩聖哲之詞，動則行典籍之道，稽先王之制，立當時之事，此通儒也。若能納而不能出，能言而不能行，徒講誦而已者，是爲俗儒」。許叔重解「儒」爲「柔」，爲術士之稱。顔師古曰：「凡有道術皆爲儒。」司馬相如曰：「列仙之儒。」《禮記·儒行》：「今衆人之命儒也妄常，以儒相詬病。」鄭讀「妄」爲「亡」，亡，無也，以「無常」絶句，云：「今世名儒，無有常人，遭人名爲儒，而以儒靳故相戲。」孔《疏》引《左傳》杜

注：「戲而相愧曰靳。」則儒之名，不專爲美號也。准以孔子高之論及明高皇之諭，則儒必出於中正，而後可當乎儒之名義。是爲儒之正解，惜乎其不能盡出於是也。

孔子高論儒必行包衆美，兼六藝，動静不失夫中道。洪武十五年諭曰：「中正之道，無踰於儒。上古聖人，不以儒名，而德行實儒。後世儒之名立，雖有儒名，或無其實。孔子生於周末，身儒道，行儒行，立儒教，率天下後世之人，皆欲其中正。卿等爲師表，正當以孔子之道爲教，使諸生咸趨於中正，則朝廷得人矣。」近粤中友人有作《釋儒》者，其言皆支離偏蔽，舉一廢一，未可説經。有謂儒當以需爲義者，則試詁以需者事之下，豈儒者必皆緩不及事而後爲美邪？有謂儒當以柔爲義者，則試詁以剛爲天德，豈可專用柔爲義？此兩説皆本於許叔重。考古經言柔，必兼立、兼直、兼則言之。今止舉九德之一之半，安得成義？矧《易》曰「其柔危」，《刑法志》曰「柔者，仁之賊也」，又何説也？至謂君子小人，第於柔之真僞分之，尤非。夫柔安得云有真僞，此既失名理，又不辭也。色厲内荏，亦謂剛有真僞耳。若柔之僞，如王莽謙恭、李義甫人貓，古今諂媚，鄉原詭隨，王弼所謂以柔順而爲不正者，豈得猶冒儒之號邪？又可號真儒真君子爲真柔邪？總之，柔、需單義，未可釋儒之全名。凡近時漢學家主《説文》以解經，支離偏蔽，皆犯孔子「不知而作」之病，風氣一開，俾端厚之資皆遵由是路，出入是門，至乃犯大不韙而不悟，思之可爲深懼。吾是以每恨作俑者之務畔朱子也，使學者肯略觀朱子書，必無是輕淺虚憍、强不知以爲知之病。夫儒祇是肄《詩》《書》六藝之人通號耳，許氏謂之術士，亦是儒有君子小人，猶士有貞邪、君子有真僞。凡古今所論，祇言人耳。至其造字本義，姑闕之毋穿鑿可也。本無真知而傅會肊説，妄説强説，祇成病痛，即「通天地人」亦是泛論，非字詁也。

如公孫弘、蔡義、韋賢、玄成、匡衡、張禹、孔光、馬宮、翟方進、平當、當子晏、孟喜、京房、江公、戴聖、揚雄、馬融、蔡邕、許慈、胡潛、來敏、孟光、譙周、王肅、杜預，雖有儒名，實同冒姓。今萬氏祇知以儒爲貴而争之，既未考周公之制，又不辨儒有俗僞迂鄙等失，而概以爲美號。且《史》《漢》以來，歷代皆有《儒林傳》，並無貶黜，惟《宋》

《齊》無《儒林傳》，而非以《道學》擠去之也。而謂自漢以來傳聖人之遺經者不得列於儒，非事實也。其實康成《禮注》所指先師及唐貞觀所褒，正周公所以謂之儒者也。劉歆稱先師皆出於建元之間者，正漢儒也。而明嘉靖所改稱先賢及宋五子，乃周公所以謂之師者也。司馬、班、范所作《儒林傳》，祇載傳經義詁之儒，而道德大賢不與焉。良史之製，其用意固有所受也。《宋史》本《伊雒淵源録》創立《道學傳》，正合周公之制。萬氏不知而議之，過矣。

萬氏此書，意在持平，而其實乃不平之甚，不如張烈。張烈，字武承，其先浙江金華人，嘉靖時，曾祖始自東陽遷居大興。康熙丙午，舉順天。庚戌，成進士，與陸清獻同榜。己未，舉鴻博，授編修，充纂修《明史》官，升春坊贊善。學宗程朱，深疾陽儒陰釋之學，以閑邪衛道爲己任。著《讀史質疑》，皆舉大綱，似范太史《唐鑑》。又著《王學質疑》，其辨山陰之失極詳切。誠正學砥柱也。烈著《讀史質疑》，謂《宋史》以外不得濫立《道學傳》。雖意在裁陽明，而語自有分寸。周汝登作《聖學宗傳》，汝登，字海門，泰州人，官尚寶卿，附《王守仁傳》。錢牧翁《密雲墖銘》言周公汝登，唱道東南，以宗傳證聖，師與之水乳相契。據此，則海門之溺佛學可知矣。程子下分二支：一支朱子，下不係一人；一支陸子，下係陽明。沈佳作《明儒言行録》，收陽明於正集，而於其弟子皆從删汰。蓋陸、王雖有病痛，若在孔門，亦邀狂狷之與，未可以末學之見輕欲裁簡。至黃宗羲作《明儒學案》，視周、沈二書爲詳密，然意有左右，陽主陰違，亦非正見。朱軾作《史傳三編》，其恉以明以來傳名儒者，大抵宗宋而祧漢唐，而宋又斷自濂洛以下。軾此書上起田何、伏生、申公，不没其傳經之功；中及董仲舒、韓愈，不没其明道之功；於宋則胡瑗、石介、劉敞、陳襄，並見甄録，不存門户。以遷就利禄，削揚雄、馬融；以祖尚玄虚，削王弼、何晏；以假借經術，削匡衡、王安石。皆見平允。惟胡寅修怨於生母，王柏披猖恣肆，至删改聖經，咸與名儒之列，似爲少濫。以上皆據《四庫提要》，原書均未見。華亭張恒，字北山，著《道傳録》。始伏羲畫卦，以及堯、舜、禹、湯、文、武、周公、孔、孟、七十子、孟子弟子，下逮漢唐，然後繼以濂、洛、關、閩諸儒，迄於元明人，各録其遺訓。朱彝尊稱采純去疵，審同斥異。至其録周子舍《太極圖説》，録邵子不信《皇極經世書》，尤見卓識。以爲有罪我者，不復辨也云云。要之，皆爲不知而作者也。夫舍《太極圖説》，何以見周子？舍《皇極經世》，何以見邵子？劉念臺作《人極圖》，李二曲作《學髓圖》，依樣摹擬，固不免陋謬。此乃謂之疵異而斥去之，是豈得爲知言乎！歷選諸家，精確篤信，斷制二千餘年學脈，顛撲不破，無若阮氏元之言者。《擬儒林傳序》惜乎阮氏之言若彼，而其志業表章仍宗漢學一派。今節録其説曰：「昔周公制禮，太宰九兩繫邦國，三曰師，四曰儒。復於司徒本俗，聯以師、儒，師以德行教民，儒以六藝教民，分合同異，周初已然矣。數百年後，周禮在魯，儒術爲盛。孔子以王法作述，道與藝合，兼備師、儒。顔、曾所傳，以道兼藝；游、夏之徒，以藝兼道。定、哀之間，儒術極醇，無少差謬者此也。荀卿以降，乖違興廢，師、儒漸棼。司馬、班、范皆以《儒林》立傳，叙述經師家法，授受秩然，雖於周禮師教未盡克兼，然名儒大臣，匡時植教，皆與《儒林傳》相出入。宋初名臣，皆敦道誼，濂、洛以後，遂啓紫陽，闡發心性，分析道理，孔孟學行，明著天下。《宋史》以《道學》《儒林》分二傳，不知此即《周禮》師、儒之異，後人創分而闇合者也。終明之世，學案百出，而經訓家法寂然無聞。揆之《周禮》，有師無儒，空疏甚矣。然其間臺閣風厲，持正扶危，學士名流，知能激發，雖多私議，或傷國體，然其正道，實拯世心。是故兩漢名教得儒經之功，宋明講學得師道之益，皆於周孔之道得其分合，未可偏譏而互誚也。」愚按：通經以致用，致用必有本，本在身心。若説經而不講道，是買櫝還珠，何用説？更何用經？轅固教公孫弘曰：「公孫子，務正學以言，無曲學阿世。」嚴彭祖曰：「凡通經術，固當修行先王之道，何可委曲從容，苟求富貴乎？」然則漢經儒固自教德行也，亦何嘗無講學師道之益者乎？

朱彝尊《道傳録序》曰：「宋元以來言道學者必宗朱子，朱子之學源於二程子，先程子言學者爲周子。於是論者尊之，謂直接孟子，是爲道統之正。毋論漢唐諸儒不得在其列也，即七十子親受學於孔子者亦不與焉。故凡著書言道統者，輒斷自周子始，飲流或忘其源，知末而不揣其本。吾嘗未慊於中也。且夫聖人之道，著於六經，是豈一師之所能囊括者與？

世之治舉業者，以《四書》爲先務，視六經可緩，以言《詩》《易》，非朱子之《傳》《義》弗敢道也；以言《禮》，非朱子之《家禮》弗敢行也；推是而言《尚書》《春秋》，非朱子所授，則朱子所與也。道德之一，莫逾於此時矣。然杜其聰明，見者無仁智之殊，論者少異同之辨，習者莫有温故知新之義，不能無歉焉。科舉行之久矣，言不合朱子，率鳴鼓百面攻之」云云。

按：彝尊華聞之士，識見淺陋，學無根柢，豈能與知斯道之精微。夫周、程之學，豈但漢唐諸儒所弗及，即七十子實有不能皆逾焉者，以爲直接孟子，此自定論，知道者必不河漢於斯言也。宋李元綱《聖門事業圖》，其第一圖曰：「傳道正統，以明道、伊川承孟子。」其書成於乾道壬辰，與朱子同時。蓋七十子雖賢，亦自有優劣差等，不得以其親受學於聖人，一例皆許爲能傳道也。當日顏、曾、子貢數子而外，性、道、一貫之聞，他賢不皆與。孟子於夷、惠不由，於顏、冉且姑舍是，非自謂能過之也，論道之止極自有所在耳。仲尼祖述堯舜，憲章文武；孟子叙述道統，亦斷自堯舜，不及羲、農、黄帝，豈爲飲流忘源、知末忘本乎？哀公問弟子好學，孔子獨稱顏子，且曰「不幸短命死矣，今也則亡」，豈曾、閔、子貢輩皆不好學與？斯言也，若出自程朱，則乳臭童子皆將斥之，不以爲刻，即以爲偏矣。聖學心傳，微言奥旨，非可爲流俗淺人道也。我聖祖仁皇帝升朱子進配十哲，由彝尊之論，豈不爲越踰七十子及漢唐諸儒乎？至於六經非一師所囊括，此何待言。朱子諄諄教人讀漢魏諸儒注疏，《文集》中凡數十見。即四子書《集注》所採五十四家之言，何嘗杜其聰明、斷以一師？漢學諸人，其膏肓本志在於妒名，忌嫉朱子，既不平心察理，又不實考其蹟，往往以鑿空顢頇莫須有之説誣之，千歧萬端，或遠言之，或正言之，或旁見側出，集矢攢矛，萬口一舌。世俗無聞者衆，未暇深考，謂爲信然，從風而靡。是不知程朱之道與孔子無二，欲學孔子而舍程朱，猶欲升堂入室而不屑履階由户也。由彝尊之論，若憫學者恐其爲朱子所誤，必欲變亂已定之是非，復自倀倀焉紛紜於道路歧塗間，莫知所止泊，而後慊於其心。其論似公，其實乃出於私；似正，而其實乃邪。何以明之？蓋朱子之教何嘗不是上探古聖，下考近代諸儒，而後折衷至正以詔學者，而必欲排之擠之，何也？吾嘗譬之，程朱之教如人執燭以照暗塗幽室。有人焉妒其不出於己也，乃欲奪之燭而代之照。程朱之燭不可得，而已乃捫石握土，冒燭之名，而實不堪爲照，因相率以共行於暗塗幽室而已。如戴氏之學，謂由訓詁、名物、考證通乎性道，則是亦知學以通乎性道爲極至，但不肯循程朱所以造之之方耳。如彝尊此恉，著書立説者毋慮數十百家，皆一時高名鉅公。吾不知其人果已能盡程朱之道而實見其不足法與？或實見其有異於聖學之傳而誤於學者與？抑粗鄙輕浮，苟爲異説，徒欲以博綜爲名高與？若夫俗士治舉業之陋，此自習俗卑趨，詳見第三卷。不得以此歸咎朱子。人情天下失是非久矣，以六經、孔、孟、程朱之言喻人，習焉不察，皆謂迂闊而莫之信，倡以詖辭邪説，莫不風行，錮結於胸中而不可解，非真窮其義理，深惟其害而然也。人情好異喜新，尚粗麤此句本何休《公羊解詁》隱元年、文二年兩見。《説文》：「麤，行超忽也。粗，疏也，徂故切。」兩音兩義，昔人皆以麤粗連文，對精微、精妙言之。《繁露》：「始於粗麤，終於精微。」《論衡》：「略正題目麤粗之説，以照篇中微妙之文。」《漢・藝文志》「庶得麤觕」，師古曰：「觕，粗略也。音才户反。」而不暇研精也。《莊子》曰：「至言不出，則俗言勝。」夫俗之顯爲鄙悖者人知之，惟夫託於理道之正，似是而非，又横有高名，爲世所尊，其説一出，最易疑誤學者。吾故不得不辨。晚學小生不肯細心窮理，妄引陸子詆斥程朱，此虞道園之言。而明以來奉陽明爲宗主者皆由於此。粗學之士以記問爲貴，謂道學以空疏談性命，觀袁清容之言可知。而近人以漢學考證爲宗主者皆由於此。歷考詆程朱者，不出此兩大派。而近人之説，又夾雜宋明人心學、禪學，一概以誣之。一種論國事者，又以講學、門户遺害人國坐之。於是程朱遂爲衆惡所集也。

顧氏亭林論明嘉靖之議諸儒從祀有曰：「棄漢儒保殘守缺之功，而奬末流論性談天之學。語録之書日增月益，五經之義委之榛蕪，自明人之議從祀始也。有王者作，必遵貞觀之制乎。」

按：孔庭從祀，繫人心學術之大防，垂教立制之眼目，萬世所瞻法，非可以一時一人私意見爲是非進黜。自唐以來，代有更正，終未能畫一。明徐溥有言：「諸儒從祀，非有功斯道不可。」善矣！然竊以爲尤當考其實行，以德行垂教，其功不更在傳經之上乎？但在宋以前，義理未著，人未知訓詁之非學，經與人分之不可。況秦火以後，漢儒實有保殘守缺之功，魏晉諸儒實有訓詁名物之益，縱有遺行，當從寬假。是宋後之論未可施於漢魏之人。唐貞觀之祀，以代用其書，垂於國胄，祀之所以報其功，宜也，不可易也。以貞觀之制及顧氏之論推之，漢唐諸儒固皆宜從祀，朱子《四書集注》五十四家亦當從祀，而趙順孫《纂疏》、胡炳文《四書通》所采諸家皆宜附祀朱子祠堂。　馬端臨、宋濂、程敏政、張九功、張璁諸人論雖嚴正，或未察於此。惟在宋以後之儒，經程朱講辨，義理昭著，一道同風，則必經行合茂而後可。否則寧取其行，不得以著述偏重。蓋後世著述易而實踐難也。後世著述名家淹貫經典，而行己範家遺行足愧者有矣。　楊廷和等無識，執著述有無以泥胡安定、薛文清之從祀，非也。　顧氏目擊明儒心學縱恣之失及語録空疏之病，又不厭於劉菭、陽明、程敏政、張璁諸人之議，祖述康成，創爲救敝之論，專重箸述，以爲當從貞觀之制，謂荀況、揚雄、韓愈三人之書雖有合於聖人，而無傳注之功，不當從祀。　則不知顔、閔諸賢曾箸何書？而世競以虛車剿説爲有功聖道矣。後來漢學諸人祖此偏宕之論，乘釁而起，變本加厲，遂乃蔽罪程朱，痛斥義理，專重箸述，奉康成、叔重爲極至，與議從祀之恉，又一局矣。　使亭林在今日，見之必悔其言之失也。

茅星來《近思録後序》曰：「自《宋史》道學、儒林分傳，而言程朱之學者，但求之身心性命之間，不復以通今學古爲事。」茅星來，字鈍叟，歸安諸生，好宋五子書，爲《近思録注》，二十餘年而始成。　王芸渠、方望溪、沈冠雲皆重其文行。卒年七十，無子，書歸桐鄉程尚質，其友也。

按：茅氏此《序》後截語甚有分寸，而漢學家則專取此數言爲宗旨，以定程朱爰書鐵案。不知空疏不學乃末俗承流之敝，詳見後卷總論。　非程朱之教之有失也。　程子「玩物喪志」之語，乃鞭辟近裏，爲成學者言之，即孔子告子貢「君子不多」之旨，乃竟以此蒙世大詬。至於朱子不廢漢魏諸儒訓詁名物，極推康成，諄諄見於《文集》，可考而知。俱詳見第三卷。而於《論語》首篇第七章「子夏論學」，即著吳才老之説，其所慮遠矣。又「我非生而知」章，著尹和靖説曰：「生而可知者，義理耳。若夫禮樂名物、古今事變，亦必待學而後有以驗其實也。」據此，則漢學人謂宋儒坐談空妙，置名物不講，並《集注》未始寓目，但隨聲吠影耳。伏讀《四庫提要》《近思録》下曰「朱子之學，大旨主於格物窮理，由博反約，根株六經，而參觀百氏，原未嫚嫚姝姝守一先生之言。故其題辭曰：『窮鄉晚進有志於學者，誠得此而玩心焉，亦足以得其門而入矣。然後求諸四君子之全書，以致其博而反約焉，庶乎有以盡得之。若憚煩勞，安簡便，以爲取足於此而止，則非纂集此書之意。』然則四子之言，且不以此十四卷爲限，亦豈教人株守是編而一切聖經賢傳束之高閣哉」云云。據此，則凡漢學家所誣程朱之語，如云「後之儒者廢訓詁而談名理，目記誦爲俗生，訶多聞爲喪志，持論甚高，實便於束書不觀，游談無根」，錢大昕《論爾雅》「道學起而儒林衰，性理興而曲臺絶」，孔廣森《戴氏遺書序》。此本於范甯《穀梁傳序》「九流分而微言隱，異端作而大義乖」、文中子「九師興而《易》道微，三《傳》作而《春秋》散」等句法。「經術一壞於東、西晉之清談，再壞於南、北宋之道學」、「義疏諸書，束置高閣，棄等弁髦，視如糟粕。蓋率履則有餘，考鏡則不足」，江藩《漢學師承記序》數百十條，皆以荒經之罪坐之道學者，舉未考程朱之教之大全也。又袁桷《困學紀聞序》曰：「先生出，知濂洛之學淑於吾徒之功甚溥，然簡便日趨，偷薄固陋，瞠目拱手，面牆背芒，滔滔相承，恬不爲耻。」按：袁清容去朱子未遠，而其言已似有嫌於濂洛之學致啓空疏，可知流俗識趣卑陋，知德者鮮，袁桷，醜正而失是非之心之徒，不止《困學紀聞序》，如何義門所譏，其言固不足据。一語之差，毫釐千里，貽誤學術，恒延至數十百年而莫挽。間嘗推論，以爲窮理極高明，則偏而流於虚狂，此弊之所必至也。故宋、明人失之爲禪、爲心學，救虚狂以道問學，政當導之以道中庸，盡精微，敦厚崇禮，朱子當日所以力與金溪争之者，此也。袁氏之恉僅以考證博學爲貴，與後來顧氏專重著述同失，以致流爲今日之漢學考證，横流波蕩，世未有知其歧變之由者，故首爲著之。至於顔元、李塨、李顒等，知尊性崇禮矣，亦不能道中庸，盡精微，則仍是問學之失，此方辨漢學，未暇及彼也。孫徵君奇逢《歲寒集》有云：「門宗分裂，使人知反而求之事物之際，晦翁之功也。然晦翁没而天下之實病不可不瀉。詞章繁興，使人知反而求之心性之中，陽明之功也。然陽明没而天下之虚病不可不補。」按：此論殊影響不確。朱子平日論永嘉學問，在事功上講，用而無體。世遂詆朱子尊德行而薄事功，以空談性命爲其罪，説既多誣，此又論其病實而宜於用瀉，益非情實，殆未知朱子者也。至其所謂虚病宜補者，是也。但永嘉之事功，習齋、二曲等之躬行實踐，漢學家之考證名物，同欲用補者也。特方藥均偏，或遂誤致殺人耳。又按：夏峯此論乃襲取黄石齋語。石齋曰：善乎施四明先生之言曰：天下病虚，救之以實。天下病實，救之以虚。晦菴當五季之後，禪説繁興，豪傑皆溺於異説，故宗程氏之學，居敬窮理，使人知所持循。文成當晦翁之後，辭章訓詁，汩没人心，雖賢者猶安於帖括，故明陸氏之學，使人知所反本。雖然，朱氏學孔，才不及孔，以止於程；文成學孟，才與孟等，而進於伊云云。愚謂此等議論真未窺天地之方圓，强作解事，其謬非一。夫程朱之學直欲明孔孟之道，以繼往開來，天不變，道亦不變，日月之照，萬古常經，不容有異，豈區區瞰一時之虚實以爲補救哉？何見之小、言之鄙淺卑狹乎！夫天下之理同歸而殊塗，一致而百慮，苟有以會而通之則觸處逢源，苟不能會通則祇見其異，故貴觸類而長之也。惟其本之差者，則會之而不可通，觸之而不可長，影響彷彿，似是而非，其初歧毫釐，終成千里之失，如三公此論是也。後有真儒知言，則必能辨之。

「明人講學，襲語録之糟粕，不以六經爲根柢，束書不讀」。黄宗羲語「終明之世，學案百出，而經訓家法寂然無聞」。阮元《擬進儒林傳序》「儒林之名，徒爲空疏藏拙之地」。錢大昕《惠徵士論》「自黄黎洲起而振其頽波，顧亭林繼之，於是承學之士知習古經義矣」。江藩《漢學師承記》

按：右此論議皆確信不誣，但顧、黄諸君雖崇尚實學，尚未專標漢幟。江藩曰「顧亭林、黄太沖兩家之學皆深入宋儒之室，但以漢學爲不可廢耳。多騎牆之見、依違之言，豈真知灼見者哉」云云，意甚憾其不專宗漢學，已爲謬見，又稱其深入宋儒之室，益爲無見之談。以余論黄、顧二君，蓋得漢學之精而宋學之粗者也。如江氏、惠氏，乃識漢學之渣穢者也。後有真儒，必以余言爲信。專標漢幟則自惠氏始。惠氏雖標漢幟，尚未厲禁言理，厲禁言理則自戴氏始。自是宗旨祖述，邪詖大肆，遂舉唐宋諸儒已定不易之案、至精不易之論，必欲一一盡翻之，以張其門户。江氏作《漢學師承記》，阮氏集《經解》，於諸家箸述，凡不關小學、不純用漢儒古訓者概不箸録。觀江氏書中所記諸人之説，其徒奉爲科令者，如云「南宋以後，講學家空談性命，不論訓詁，教學者説經，專宗漢儒」。黄宗羲又曰：「説經則宗漢儒，不取宋元諸家之説。」朱筠又曰：「宋人説經，好爲新奇，棄古注如土苴。」褚寅亮又曰：「治經宗漢學，不喜宋儒性命之學。」汪中又曰：「於宋以後愚誣之學，拒之尤力，解經一本漢學，專主訓詁，不雜以宋儒之説。」劉台拱夫説經不衷諸義理，辨僞得真，以求聖人之意，徒以門户之私與宋儒爲難，非徒不爲公論，抑豈能求真得是？君子一言以爲智，一言以爲不智，於宋儒何傷乎？然此猶不過欲以漢學考證破宋儒空言窮理，謂病其空疏耳。其後臧氏、段氏、江氏等於六朝南北傳注經本音字異同，又力詆魏晉，蔽罪唐儒，極口詆詈陸、孔，是豈不可以已乎？又其甚者，乃操同室之戈，均一漢學也，乃曰：「謬種流傳，兆於西漢。」此惠氏棟説「箕子明夷」，主孟喜、趙賓而害施讎、梁丘賀，因詆馬融爲俗儒，不當以爻辭爲周公作也。又稱許叔重《説文》未作，西漢諸儒得古文不能讀。此孫氏星衍説。甄綜古今學問，壹歸於東漢鄭、許二君，此漢學赤幟也。伏讀《四庫提要》有曰：「漢代傳經，專門授受，各有師承，非同臆説，專而不雜，故得精通。」陳耀文《經典稽疑》〔一〕「自鄭玄淹貫六藝，參互考稽。旁及緯書，亦多採摭。言考證之學者自是始。宋代諸儒惟朱子窮究典籍，其餘研求經義者大抵斷之以理，不甚觀書。故其時博學之徒多從而探索舊文，網羅遺佚，舉古義以補其闕」云云。鄭方坤《經稗》此論固至平實，但風氣所偏，遂欲掃滅宋儒，毒罪朱子，鼓怒浪於平流，振驚飇於静樹，可已而不已。斯風一煽，將害及人心學術，兹之所辨，惟在於是。吾爲此懼，非得已也。間嘗論之，以爲經傳則道傳，漢儒之功不可廢，乃

〔一〕以上數句乃縮合陳耀文《經典稽疑》及鄭方坤《經稗》之《提要》而成。

經傳而道仍未傳，宋儒之功豈可誣邪？班固言：「兼而存之，是在其中。」要非得通賢真儒，平心觀理，去泰去甚，安能得其是之所在邪？

漢學商兑卷中之上

《黄氏日鈔》説《尚書》「人心惟危，道心惟微」四語云：「此本堯命舜之辭，舜申之以命禹，加『危微精一』於『允執厥中』之上，所以使之審擇而執其中耳。此訓之之辭也，皆主於堯之『執中』一語而發，豈爲心設哉？近世喜言心學，舍全章本旨而獨論人心、道心，甚者單摭『道心』二字而直謂『即心是道』。蓋陷於禪學而不自知，其去堯、舜、禹授受天下之本旨遠矣。蔡九峯之作《書傳》，雖亦以是明帝王之心，而心者治國、平天下之本，其説固理之正。其後進此《書傳》於朝，乃因以『三聖傳心』爲説，世之學者遂指此書十六字爲『傳心之要』，而禪學者借以爲據依矣。」

按：此一大公案，其後顧亭林申之，遂爲蔑心之祖，而漢學者因據以爲罪宋儒成讞矣。苟博觀終始，窮極義理，則是非分明。黄氏截講「執中」一語，固似得理，而慮後人以言心墮禪，謂蔡氏不當以「傳心」爲説，則粗疏不察而失其本矣。姑勿論三代聖王所以治天下之心何如，即如二《典》所載曆象、命官、平地、明刑、典禮、立教、奏庶艱食諸大政，傳之萬世，孰非聖人之心之所寄哉？聖人之心，都俞吁咈，該於微危精一，微危精一，要於執中。使非先精其心，亦安知中之所在而執之？孔子者，時中者也。《中庸》者，子思之書也。孔子之時中，子思之作《中庸》，即傳堯、舜、禹「執中」之一語也。其引夫子之説曰「擇善固執」，即精一之旨也。朱子《中庸序》所以發揮此四言者，至矣盡矣。黄氏粗疏淺謬，滑意妄説，可謂無知而輕於立論矣。孟子曰：「權，然後知輕重；度，然後知長短。物皆然，心爲甚。」古今神聖一切智愚動作云爲皆心之用，三尺童子不可謾也。今爲學欲明聖人之道，而拔本塞源，力禁言心，不知果有當於堯、舜、禹之意否邪？唐虞之世未有禪病，今以梁以後禪學豫代古帝防之，動欲改避經文，抑何可笑！漢學之徒益推而極之，遂堅斥此非聖人之言，以爲荀子引「人心之危，道心之微」，稱出《道經》，爲僞古文所采，宋儒不知僞古文，遂妄尊而信之耳。或竟據「道經」二字直證，以爲出於《道藏》。楊倞《荀子注》云：「今《虞書》有此語，而云『道經』，蓋有道之經也。」按：《困學紀聞》言「《新序》介子推曰：『謁而得位，道士不居也。』蓋謂有道之士。《漢·京房傳》『道人』亦謂有道之人」。據此，則楊倞所言亦容近是。蓋周、漢人語固有如此者。又《晉語》「西方之書有之曰」，王厚齋云「蓋《周志》之類」，皆此類也。又按：《四庫提要·鶡冠子》下云「古人著書往往偶用舊文，古人引證亦往往偶隨所見。如『谷神不死』四語，今見《老子》，而《列子》乃稱爲《黄帝書》。『克己復禮』一語，今見《論語》，而《左傳》乃謂仲尼稱志有之。『元者善之長也』八句，今在《文言》，《左傳》乃以爲穆姜語。司馬遷引《鶡冠子》惟稱賈生，亦此類。未可以單文孤證遽斷其僞」云云。而快朱子「傳心」之説，見斥於其徒。按《宋史》，黄震登寶祐四年第。本傳不言其受學源流，世稱震傳朱子之學。考周密《癸辛雜識》，稱饒雙峯既詭爲黄勉齋門人，而黄東發與雙峯門人董敬庵、韓秋巖會哭雙峯，俱稱先師。一時道學之怪，往往至此云云。則黄東發亦羅子遠之儔邪？愚以爲此二語既爲《荀子》所引，下文又曰「危微之幾，惟明君子而後能知之」，則荀子視此二語亦不輕矣。荀子及程朱重之，黄震乃輕心掉之，諸新學小生乃詆而斥之，適足見其非明君子耳。夫不審義理之實而第執左證，棄心任目，此漢學膏肓錮疾。將己之父兄偶至他族，亦不當認乎？謹按《四庫提要·靈樞經》下云：「梅賾古文雜采《逸書》，聯綴成文，雖牴牾罅漏，贋託顯然，而先王遺訓多賴其搜輯以有傳，不可廢也。」是則公允至平之論，而凡攻僞古文者所宜取正也。或謂《道經》所云，顯與佛氏明心之説相近，黄氏所闢，其論甚當。夫所惡於禪學「即心是道」者，謂其專事明心，斷知見，絶義理，用心如牆壁，以徼倖於一旦之灑然證悟。若夫聖人之教，兢業以持心，又精擇明善，以要於執中，尚有何病？孔《疏》「將欲明道，必先精心」，亦是在執中前補義也。王僧達詩云「精理亦道心」，善注引《尚書》曰：「道心惟微。」蓋單提危、微二語，雖有警惕提撕意，猶引而不發。至合下精一、執中，則所以區處下手，功夫至密，道理直盛得水住，而猶妄議之，可謂昧矣。或又謂：「心一而已，安有人心、道心？」此語尤昧。今試詰彼所謂「心一而已」者，果何等之一心也？若以爲皆道心與？則斷不可謂古今天下皆聖賢；若以爲皆人心與？亦斷不可謂天下古今皆邪慝。若以爲不屬道邊，亦不屬人邊，粗則如告子之知覺運動，與禽獸同焉者是，精則正墮向禪學「即心是道」及陽明本心、良知之説。然則所謂「心一而已」者，於此三者，果何居也？宋范淳夫之女讀《孟子》「操存舍亡」語，因識孟子不識心，曰：「心豈有出入邪？」程子聞之曰：「此女不識孟子，却識心。」劉安節問：「心有亡，何也？」曰：「否。此只是説心無形體，纔主著事，便在此處。纔過，便不見。如出入無時，莫知其鄉。亦要人理會，心豈有出入，亦以操存而言也。」此論至精，與《大學》「正心」傳「有所」、「不在」語脗合。或又謂：「孟子曰：『仁，人心也。』是人心不可指爲欲心。」此語更誤。夫孟子此言，探其本始言之，即性善之旨，所謂道心也。然固不可謂一切人之心皆全於仁而無欲也。故又嘗曰「失其本心」、「陷溺其心」。夫陷溺而失之者，即欲心、人心也。孔《疏》解「人心」，蓋亦指衆人之心，但未詳耳。若謂人皆無欲心，則《記》所稱「易慢之心」、「非僻之心」、「鄙詐之心」，果何心也？試令夫人自捫其心，果皆仁而無欲乎？使人心皆仁而無欲，古今聖人爲學與教，又何憂乎有不仁也？惟夫人心本仁而易墮於人欲之危，是以聖人既自精擇而守之以執其中，又推以爲教於天下萬世，千言萬語，欲使同歸於仁而已。然固不能人人皆自覺悟，以返於仁，則賴有此四言之教，相傳不刊，以爲迷途之炬。所以歷代帝王兢兢守之，不敢失墜，此所謂傳心者也。嘗試論之，以爲禪家「即心是道」與陽明本心、良知，大略亦似是道心一邊，但不能如聖人文理密察，備四德，有品節，所以差失作病痛，致認人心爲道心，政爲少精以執中耳。精以執中則所爲盡精微，巽以行權而時中也。然則聖人之道所以異於禪學者，其歧違偏全之争政在此處，程朱所喫緊爲人講切發明，分别疑似者，亦政在此處。初學之士欲審善惡邪正，全在察人心道心、危微二端之幾。懋修之儒欲救誤認道心墮禪之失，全在精一、執中之學。黄氏乃畏病而不識病源，轉欲去其藥，浸假而並欲去其軀體，輕於立論，真妄庸也！朱子曰：「道心是義理上發出來底，人心是人身上發出來底。雖聖人不能無人心，如飢食渴飲之類；雖小人不能無道心，如惻隱羞惡之類是也。」「但聖人全是道心主宰，故其人心自是不危，若是人心也危，故曰『惟聖罔念作狂』。」按：此功全在操存克復，功夫到極地便是仁，便是反之之聖。自此以下，以克去分數多少，分大賢小賢優劣，士人希賢，往往不能自克，浮慕爲義，而人欲時時潛發。《易》曰「莧陸夬夬」，「中未光也」。此誠意所以爲人鬼關。余嘗驗之，心之不正總由意之未誠，誠意衹是決定主意不爲惡耳。此處堅決之志、用力之勤蓋與佛同，而其下手功夫、次第效驗則與佛學迥異。儒者之功先在於精，既得則在於一、在於允中。佛則衹有止念之一法，而無所謂精。精是格物、致知、窮理、博學、審問、慎思、明辨許多功夫在先，故訓爲擇。中是不偏不倚，五性全備。佛衹有一仁而偏於慈，其餘萬事俱廢，故曰次第效驗不同。佛止曰明，儒者必曰固執，蓋上資之人固由明而可誠，然致知而不能誠意比比皆是。是雖顏子，必用拳拳服膺固執也。若徒恃一明，安保其後不失？陽明主知行合一，言之太易，全是佛學，故其徒之有得者無論，其後破敗百出，而其先固已魯莽滅裂之甚矣。故佛氏明心，與此處經文所云精一之旨，政是是非得失判然歧路分界處，乃茫未有知而輕妄發論，依稀髣髴，如霧中看花，株本未分，跗萼未辨，但見遠林一色，遂謂之相近。此等本不勝辨，但近世諸妄庸鉅子輕於立論，多祖是説。後學小生目瞇未徹，被此翳昧，信以爲然，又相與承風學語，其誤世匪細。彭魯岡曰：毒草似蓤，恐人誤服，不得不辨。或又謂黄氏引《論語·堯曰》云云，證舜未嘗言心，可謂精矣。此尤爲謬論。必若前聖所未言，後聖不許增一辭，則後來安得有六經？前書所未及，後書所有不可信，則此

《論語》之言，亦今文《堯典》所未有。古人引書，多易原文爲訓詁之辭，《孟子》、《史記》尤可見。世之俗士執字句異同以疑古書，陋矣。愚嘗反覆究思之，無論僞古文足信與否，《荀子》所引足重與否，祇此二語，即出於巷説里諺，亦當平心審諦，斷然信其精粹無疵，不詭於道，足以質古聖而無疑，而無庸代爲周防也。何基有言：「治經當謹守精玩，不必多起疑論，有欲爲後學言者，謹之又謹可也。」此足爲黄氏、顧氏藥石矣。要之，黄氏、顧氏猶目擊時病，有救敝之意，言雖失當，心則可原。及妄者主之，則借以立門户，與程朱爲難，援黄氏以爲重，又自矜能闢僞古文，而已與黄、顧之意全别。何以明之？以今世並無禪學、心學之害，不待慮之也。《日知録》引《黄氏日鈔》、唐仁卿唐名伯元，號曙臺，甘泉門下，澄海人，深疾陽明新説。及陽明從祀，上疏力争，並請黜陸九淵。《明史》有傳。諸説，以爲闢陸王心學則可，以爲六經、孔孟不言心學則不可；以爲六經、孔孟不若陸王言心則可，以爲六經、孔孟不言心則不可。伊川曰：「心一也。有指體而言之者，寂然不動是也；有指用而言者，感而遂通是也。」「説無心便不是，只當説無私心。」真德秀作《心經》，集聖賢論心語三十餘條。昔在晉、宋之間，義學盛興，所有諸經教皆中國文士刺取莊、老《魏書·佛老志》載太武詔曰：「前世漢人劉玄真、吕伯强之徒，乞胡之誕言，老莊之虚假，附而益之，皆非真實。」及吾儒精理以潤飾之。理本大同，六經之言與佛學相近者數百千條。不究義理之實及當處文義偏全何若，但以其辭之相近，即疑而欲去之，徒亂聖人經義，疑誤來學。此黄震、顧亭林之用意太過，反致粗疏謬妄，而承學之士因粃糠眯目矣。

顧氏曰「心不待傳也。流行天地、貫徹古今而無不同者，理也，理具於吾心而驗於事物。心者，所以統宗此理而别白其是非，人之賢否、事之得失、天下之治亂皆於此判。此聖人所以致察於危微精一之間而相傳以執中之道，使無一事之不合於理而無有過不及之偏者也。禪學以理爲障而獨指其心，曰『不立文字，獨傳心印』。聖賢之學，自一心而達之家國之用，無非至理之流行，明白洞達，人人所同，歷千載而無間者，何傳之云？俗説浸淫，雖賢者或不能不襲用其語」云云。

按：程子以《中庸》爲孔門傳授心法。蔡氏「三聖傳心」之説，蓋亦稟之朱子。顧氏非之，故其推衍黄氏之意如此。不知心具衆理，是不得不如此立説。其實心與理不可分爲二件，舍心何以見理？傳理即傳心也。故曰：「千古以上、千古以下有聖人出，此心、此理同也。」特以傳理不可爲名，且於辭義爲不備，故以傳心爲辭，《公羊傳》所謂「避不成文」是也。至於禪家單傳心印，其病乃在鶻突，無文理密察，不分四德，無品節，反以理爲障，但高明廣大而不知精以執中，與聖人所傳戒謹恐懼兢業以擇善執中之心，其界甚分明。不此之辨，而概禁不許言心，用意浮淺，議論魯莽矣。且如顧氏所云，心者所以統宗此理，聖人所以致察於微危精一，相傳以執中，使無不合於理。是顧氏已不能舍心以言理。又云：「聖賢之學，自一心達之家國之用，無非至理，歷千載而無間。」是顧氏已自明言聖人以其心統具此理，以傳於千載，何以云心不待傳，不當言傳心邪？借如顧氏意不言傳心，第言傳理，不知此理託於何物以傳邪？若以理貫徹古今而無不同，但隨時隨事隨人取用，自無不足，無待於傳，則是古聖賢經典文字皆可廢。夫理具於心，無古今一也。今言理而不許言心，譬如言世人但取足於米，不必言禾，此不爲童昏之見邪？顧氏於考證自優，於義理甚鹵莽滅裂，古人言「鹵莽滅裂」，鹵，土塊大；莽，草根盛；滅裂，言耘苗者滅去而分裂之。其解不明，余繹思其意，蓋言耘苗者本欲滅草而反裂苗也。黄氏、顧氏政是滅裂。説著此事無不錯者，而横有高名，爲世所震，顧歡所謂「精非粗人所信」，良不誣矣。大抵聖人之言渾然坦平，因事立教，施之各當。辨生於末學，往往沾滯支離，動生荆棘。如明季心學縱恣，異説紛歧，誠爲惑亂。顧氏憂而欲闢之，其意甚善，特自家學術粗，見道未真，立義既差，故其辭亦絞繞不分明，本欲除病，而不悟己所立説，其病更大，亦由其不肯虚心服膺程朱故也。考朱子作《記疑》一卷，中有「論傳心」一條，實爲宋明之季諸人之講所宗。今録於此，可以正黄氏、顧氏之辨爲不得其理也。曰：「先聖後聖，若合符節，非傳聖人之道，傳聖人之心也；非傳聖人之心，傳己之心也。己之心，無異聖人之心，廣大無垠，萬善皆備。欲傳聖人之道，擴充此心而已。」朱子辨曰：「此言務爲高遠而實無用力之地。夫學聖人之道，乃能知聖人之心，知聖人之心以治其心，而至於與聖人之心無以異焉，是乃所謂傳心者也。豈曰不傳其道而傳心，不傳其心而傳己之心哉？且既曰己之心矣，則又何傳之有？況不本於講明存養之漸，而直以擴充爲言，則亦將以何者爲心之正而擴充之邪？」按此言傳心非傳聖人之道，固爲大謬，黄氏、顧氏又以第傳聖人之道黄氏之「中」、顧氏之「理」，即「道」而異名者。而不當言心，益爲鶻突。孟子論見知、聞知，又曰：「先聖後聖，其揆一也。」夫其所以知者，何也？非以其心知之邪？則後聖心之所知，即前聖心之所傳。但聖賢之人不世出，饒如此詳説，學人尚不能明，尚多差謬。而曰「明白洞達，人人所同」，談何容易邪？且惟人人所同，故可以傳，同言之也；惟不能人人皆同，故愈賴於傳，獨言之也。今曰「人人所同，何傳之云」，是真如陽明所謂「滿街都是聖人」，然乎否乎？戴震禁言理，詆程朱不當別言有理具於心；黄震、顧亭林禁言心，以理流行於天地古今，特具於心，而不當以心爲主。皆邊見邪見，非正知見也。吾今一言以蔽之曰：聖人之教從不禁人言心，所惡於言心而流於禪、墮於空寂，及高談性命、縱恣放佚者，爲舍人事，一也；廢倫常，二也；不致知窮理，三也；不道中庸、盡精微、崇禮，四也。而聖人及程朱之教所言人心、道心、正心者，即在此四事，尚有何病？黄氏、顧氏但見禪之爲害、心學爲害，而不能明其所以差謬之故，而乃概禁不許言心，遂舉聖人之經、儒先之注一概欲去之，殆於不知而作矣。嘗謂黄東發、黄太沖、顧亭林立身大節，學問根柢，不愧通儒，但皆不免以博溺心，不肯細心窮理，潛玩程朱，所以議論多有差失，其流皆足爲學術大害，如東發、亭林之禁言心，梨洲教學者説經專宗漢儒是也。余初服膺黄、顧，及統覈其生平得力之處、議論所及，乃知其猶未足列四科之選，當百世之師也。義理道德不及程、朱，文章議論不及韓、歐，詩不及坡、谷，但務張大門户，以博綜爲多，苟求其實，則皆粗麤，不過永嘉、止齋、同甫之儔耳。其學皆由外鑠，無深造自得，一往深至，精能獨有千古之處。二人相較，亭林又稍精審沈實。梨洲資性過人，弱冠又以忠臣之子、節義孝行著聞，取求聲氣滿天下。後人讋於其名，望若天人，蓋未有能開正眼者也。亭林《與梨洲書》曰「伏念炎武自中年以前，不過從諸文士之後，注蟲魚、吟風月而已。積以歲月，窮探古今，然後知後海先河，爲山覆簣，而於聖賢六經之指、國家治亂之源、生民根本之計漸有所窺，恨未得就正有道」云云。按：亭林自言如此，大體得矣。而繹其言，終從外鑠。所以然者，於聖賢六經義理功夫太少耳。綜其大指，不過以爲百王之敝可以復起，三代之盛可以徐還，其言甚大，然亦甚夸，殆屬虚憍，恐未能酬。程晉芳已辨其難行數事。且此事不從身心根本起，則皆成客氣粗疏，外王必由内聖，達用必由明體，苟内聖體明，舉而措之，本分内家常事耳，無待張皇也。吾故曰：亭林未足以列四科、師百世，由其學偏於外王達用處多而内聖明體處全無，説著義理處無不錯者。後有論亭林者，當以此衡之。夫欲以道紀天下，必深通於道，由本達末，自然時措，恒若無事而罔不宜，人莫能窺。亭林徒託粗跡豪氣，欲以中古易今世，而本領不濟，用之必敗，幸而不爲蘇威、王介甫耳。但入《儒林傳》則皆無愧，實非後來漢學諸人所及。余故不得不辨。

顧氏《與友人論學書》力闢言心、言性，《日知録》又引唐仁卿之説，以爲六經、孔孟不言心學。又引《論語》言心者三條，至於操存舍亡，則謂門人未之記而獨見於《孟子》，意蓋亦疑而不信。惟於「從心不踰矩」特引衛蒿之言，以爲學者未可與立而語從心，爲率天下之人而禍仁義，其論自當。至《中庸章句》引程子傳授心法，以爲借用釋氏之言，不無可酌，則非也。顧氏祇爲王氏心學有失，發爲救病之論，其意固善，然有激之談，務與相反，遂誣古聖、六經、孔孟不言心，懲羹吹虀，矯枉過正，轉成悖謬邪説，其禍聖道不小矣。

黃氏又駁《論語集注》「三省」章上蔡説曰：「孔門未有專用心於内之説。用心於内，近世禪學之説耳。象山陸氏因謂曾子之學是裹面出來，其學不傳，諸子是外面入去，今傳於世者皆外入之學，非孔子之真。遂於《論語》之外，自謂得不傳之學，凡皆源於謝氏之説也。後有朱子，當於《集注》去此一條。」

按：此説粗疏謬妄，真亂道也！姑無論陸子之學自出孟子，非緣謝氏。即謝氏此語，果有何病而欲去之邪？矧「用心於内」四字出《漢書·揚雄傳》，子雲之世豈有禪病邪？夫以曾子之篤實立事，討論變禮，雖好爲異議者，必無嫌於其以禪誤後學。況上蔡下文明曰「傳之無弊，觀於子思、孟子可知」，則其語亦甚審諦矣。按：楊慈湖斥《大學》非聖言，而謂子思、孟子同一病源。楊爲象山傳心高弟，其言如此，政與上蔡相反。則象山之學，非因上蔡之誤可知。若因一語之似，即妄疑聖人之經、儒先之注，則「顧諟天之明命」，有似於止觀；「仁遠乎哉？欲仁斯至」，有似於即心是道、立地頓悟；「夫焉有所倚」，有似於無住無著；「衣錦尚絅」、「内省不疚」，何在非用心於内，而六經有不勝其可删者矣。陸子曰「學有本，則六經皆我注脚」，「大抵有基方築室，未聞無址忽成岑」。明明「先立乎其大」之宗旨，黃氏不知而蔽罪謝氏，考之未詳，輕於立論，可謂妄矣！借使象山之學真出謝氏，此語亦當明爲學者辨之曰：上蔡「專用心於内」語，是守約不外馳之意，非如象山「從裹面出來」云云，主張心學也。如此則象山之失亦見，而又有羽翼正學之功矣。學者悼流之失，祇當清其源，不當誣其源。黃氏政坐不肯用心於内，故其議論之失如此。大抵考證家用心尚粗麤，故不喜言心、言性、言理、言道，又會有禪學、心學之歧爲其藉口。此中是非雜糅，如油著麪，本不易明。黄氏、顧氏以言心爲墮禪，論雖滅裂，猶實有其害。近漢學家以致知窮理爲墮禪，則直是亂道。不知禪之失政在不求心窮理，而禪之妙亦政在不許求心窮理，纔一求心窮理便非禪，故其説曰：「汝他日縱得一把茅蓋屋，止成得一個知解宗徒。」又曰：「若論此事，纔眨上眉毛，便錯過了也。」又曰：「不可以知知，不可以識識。」又曰：「不涉思議。」又曰：「心無所住。」又曰：「外息諸緣，心如牆壁。」又曰：「將心用心，却成大錯，夾山三槳，汾州正鬧。」皆切切嚴禁用心，以理爲障，以斷知見爲宗、離想爲宗，六祖、五宗相傳秘密皆如此。今漢學家咎程朱以言心、言理墮禪，豈知程朱是深知禪之害在不致知窮理，故以致知窮理破彼學而正吾學之趨邪？惟聖人吾儒之學無不用心，而禪家則專忌用心；惟聖人吾儒之學無不窮理，而禪家則專忌窮理。其事正相反。漢學者標訓詁名物爲宗，無以破程朱言理之正，則壹借禪以誣之。不知程朱言人心道心、精一執中、致知窮理，正是破禪。又不知己之禁不許言心、言理，乃是用罔，政與禪同病。而又或居身行己，沈溺忿慾，卑惑苟妄，且爲禪之所呵棄鄙薄不屑。不此之念，而反咎程朱救墮禪之病爲墮禪，顛倒迷謬，悖者以不悖爲悖。究之儒、禪兩邊，皆不曾用功，徒取門面字樣、紙上文句，耳食程朱闢禪緒論，反以噬之，混以誣之。世俗不學無聞者衆，驚聞其説，不辨涯涘，因附和之以爲信然云爾。實黄氏、顧氏諸人滅裂之論有以啓之也。今與天下學者平心論之，程朱教人爲學，以格物窮理，克己主敬，又精擇以執其中，又不舍人事、廢倫常，此果尚有何病？悖於聖人何處？而猶煩衆人紛紛，如蜩如螗邪？聖人之言曰「明辨之」，曰「盡精微」，曰「精義」，皆教人窮理也。不窮理，則於其粗者固黑白不辨；窮理而不盡精微、道中庸，則於近理而亂真者疑似不明，毫釐之差，失之千里。既失前聖之意，因以自迷，又以貽誤來學，擿埴索塗，何所取正乎？世徒病宋明之季心學横流，援儒入釋之害，如黄東發、顧亭林、唐伯元，雖舜、禹、孔子之言皆疑而欲去之。韓非言「鱣似蛇，蠶似蠋，人見蛇則駭，見蠋則毛起，而漁者持鱣，婦人拾蠶」，黄氏、顧氏談道論學，其智乃不如漁者、婦人邪？誠得吾説而精之，此固是在其中矣。

按：《朱子語録》稱程門高弟如謝、游、楊，下梢皆入禪學去。又稱上蔡《觀復齋記》中所説道理全是禪意。黄氏、顧氏摭此，故於上蔡語皆致疑耳。謹按《四庫提要·上蔡語録》引：「朱子《後序》稱初得括蒼吴任寫本一篇，後得吴中板本一篇皆曾天隱所記，最後得胡文定寫本二篇，（文定不及程子之門，而以父執事上蔡，故記其説，爲《上蔡語録》二篇。）凡書四篇，以相參校。胡氏上篇五十五章，記文定公問答，下篇四十九章，與版本、吴氏本略同，然時有小異，輒因其舊，定著爲上下二篇。獨版本所增多猶百餘章，或失本旨、雜他書，其尤者五十餘章，至詆程氏以助佛學，輒放而絶之，其餘亦頗刊去，而得先生遺語三十餘章，別爲一篇。凡所定著書三篇。是朱子於此書芟薙特嚴。後乾道戊子，重爲編次，定爲今本。又作《後記》，稱胡憲於吕祖謙家得江民表《辨道録》，見所删五十餘章，首尾次序無一字之差，然後知果爲江氏所著，非謝氏之書。則去取亦爲精審。觀《語録》稱某二十年前得《上蔡語録》觀之，初用朱筆畫出合處，及再觀則不同，乃用粉筆，三觀則又用墨筆。數觀之後，全與原看時不同。則精思熟讀，研究至深，非漫然而定也。」據此云云，則朱子作《集注》，尤畢生精力所萃。其取上蔡語，必經研審至精，所見斷不致出黄震、顧亭林後也。謝氏之學以切問近思爲要，雖才高意廣，言論閎肆，或不無過中之弊。然經朱子所取，必不以有病之言遺誤來學。愚故詳訂之，廓清放絶，無使無知妄説者得以藉口云。

戴氏震曰：「以理爲學，以道爲統，以心爲宗，探之茫茫，索之冥冥，不如反而求之六經。」

按：此論乍觀之頗似篤正，徐而詳之，實謬悠邪説。昔程子受學於周茂叔，亦曰「反而求之六經」，則程朱固未嘗舍六經而爲學也。且所謂「求於六經」者何也？非謂求其道、求其理、求其心邪？戴氏宗旨力禁言理，而所以反求之六經者，僅在於形聲訓詁、名物制度之末。譬如良農舂穀，盡取精鑿以去，貧子不知，方持糠覈以傲之，何以異於是？朱子曰「近年以來，乃有假佛釋之似以亂孔孟之真者，其法首以讀書窮理爲大禁，嘗欲注心於茫昧不可知之地，以僥倖一旦恍然獨見，然後爲得」云云。據此則凡漢學家所持以謗程朱者，皆竊朱子之緒論而反以誣之。初不尋其立言本旨，徒取影響近似，巧以施之，以欺末學無聞者耳。詳見後朱子論禪學之害各條。考戴氏嘗言「吾自十七歲時有志聞道，謂非求之六經、孔孟不得，非從事字義、名物、制度，無由通其語言文字」云云。若是則與程朱固爲一家之學矣，玆何又以之爲譏邪？蓋由其私心本志憎忌程朱，堅欲與之立異，故力闢求理之學，大本一失，無往不差。然後知其所謂「有志聞道，欲求之六經、孔孟」者，特託爲重言，以塗飾學人耳目，使人無疑其畔六經、孔孟耳，非其智真能測得有道可聞、六經孔孟當求也。不然，理也、道也、心也，未有與六經分而爲二者也。程朱所學、所宗之道與理與心，亦未聞别於六經之外而求之也。斯固天下萬世學人所可共信者也。伊川謂方道輔「學者於聖人之道求入其門，不由於經乎？今之治經者衆矣，買櫝還珠之弊人人皆是。經所以載道也，誦其言辭、解其訓詁而不及道，乃無用之糟粕耳。冀足下由經求道」云云。由是以觀，戴氏之所反而求之於經者，直舍珠而取糟粕，以睥睨程朱耳。

朱子曰：「聖賢説性命，皆是就實事上説。言盡性，便是盡得三綱五常之道；言養性，便是養得此道而不害，至微之理、至著之事，一以貫之，非虚語也。」陸子曰：「古人自得之，故有其實。言理則是實理，言事則是實事，德則實德，行則實行。」又曰：「宇宙間自有實理，所貴乎學者爲能明此理耳。此理苟明，則自有實行、實事。」又曰：「千虚不博一實，吾生平學問無他，祇是一實。」又曰：「古人皆是明實理，做實事。」又曰：「做得功夫實，則所説即實事，不説閒話，所指人病，即是實病。」又曰：「吾自幼時，聽人議論似好而其實不如此者，心不肯安，必求其實而後已。」又曰：「祇就近易處著著就實，無上虚見，無務高遠。」「一是即皆是，一明即皆明。」袁絜齋燮言「嘗見象山讀《康誥》，有所感悟，反己切責，若無所容」。據此，則是先儒雖近禪而所以反求之六經者，其實如此，何嘗茫茫冥冥也？茫茫冥冥，如風如影，政由己討探不得其故而然耳，則其言不亦宜乎！

漢學家皆以高談性命爲便於空疏，無補經術，争爲實事求是之學，衍爲篤論，萬口一舌，牢不可破。以愚論之，實事求是莫如程朱，以其理信而足可推行，不誤於民之興行。然則雖虚理，而乃實事矣。程子論《中庸》曰「其味無窮，皆實學也」，即此「實」字義。漢學諸人言言有據，字字有考，只向紙上與古人争訓詁形聲，傳注駁雜，援據羣籍，證佐數百千條，反之身己心行，推之民人家國，了無益處，徒使人狂惑失守，不得所用。然則雖實事求是，而乃虚之至者也。愚嘗謂宋學之虚如飲葠朮之汁，漢學之實如飽烏頭附子、鴆酒毒脯，裂腸洞胃，狂吼以死而已。斯言誠若太過，然如余此一書所辨各條，無非鴆毒也。觀者幸詳之，知余非誣耳。

子罕言命與仁，性與天道不可聞，而《中庸》首言命與性道曰：「道也者，不可須臾離也。」又曰：「君子無終食之間違仁。」孟子遇人便道性善。夫言各有當而已。形上者道，形下者事。聖人不指性道之名，而所言無非性道。孔子教弟子以孝弟，孟子曰「堯舜之道，孝弟而已」。夫孝弟之道通於神明，非性道而何？君子之道，孰先傳焉？孰後倦焉？民可使由，不可使知。以迹求之，似聖人之教有隱顯耳。歐陽永叔謂聖人教人，性非所先，已誤。顧亭林乃以性道爲末流而力闢之，可乎？吕東萊《近思録題詞》論首列陰陽性命之故曰「後出晚進，於義理本原雖未容驟語，苟茫然不識其梗概，則亦何所底止。列之篇端，特使知其名義，有所向往而已。餘卷所載講學之方、日用躬行之實自有科級，循是而進，自卑升高，自近及遠，庶不失纂集之旨」云云。此可以破顧亭林之疑，而爲朱子雪其謗矣。

江氏藩曰：「濂洛關閩之學，不究禮樂之源，獨標性命之旨。」

按：性命之旨即禮樂之源，故孔子曰：「言而履之，禮也；行而樂之，樂也。」自漢晉以來，惟獨宋儒周、程諸子能知其本源合一處。今反以此譏之，如以牧豎而議公卿家服食起居、節宣失宜，亦太不知類矣。「禮衹是序，樂衹是和」，程子此言，已盡禮樂之源。又明道言「禮樂衹在進反之間，便得性情之正」。《記》曰：「禮主其減，樂主其盈。禮減而進，以進爲文；樂盈而反，以反爲文。」朱子曰：「減是退讓撙節收斂的意思，是禮之體本如此，然非人之所樂，故須進步向前著力去做，故以進爲文。按：此所謂曲折以行禮，在於勉强莊敬，周折中禮，爲大壯也。盈是舒暢發越快滿的意思，樂之體本如此，然易至於流蕩，須收拾向裏，故以反爲文。按：此所謂「欲不可縱，樂不可極」。所以明道言人能如此，便得性情之正。」按：此所謂「不可斯須去身」。又伊川《明道行狀》云：「窮神知化，由通於禮樂。」程朱言禮樂之源者如是其精，是豈諸妄庸所及聞邪！

焦循曰：「宋儒言性、言理，如風如影。」

按：此亦剿顧氏之説而失之者。顧本以之斥明儒，今妄移以斥宋儒也。程朱言性、言理，皆從身心下功夫，以日用倫常爲實際，何嘗如風如影？是未嘗詳讀其書，徒耳食浮游以誣之耳。考顧《與友人書》曰：「百餘年來之爲學者，往往言心、言性而茫然不得其解也。」夫明曰「百餘年來」，則非以譏宋儒可知。焦氏豈足以知宋儒言性之説哉？觀其所作《性善解》，一則曰食色，再則曰知覺，此其所以不爲風影者，特拾告子、佛氏之唾穢而已。考漢學者之始，生於深忌《宋史·儒林》《道學》分傳，因之痛疾朱子補《大學》「格致傳」窮理之説，故謂孔孟書中不言理，言理是宋人捕風捉影之説。而度數、名物、訓詁皆是一貫上達之道，學者祇講小學，便盡孔子之道，並無所謂義理之學。一時自命爲碩學通儒者，悉本此意以箸書，奮其私妄，信口無忌，海内風靡，乃至如外國日本西條掌書記山井鼎、東都講官物觀所箸《七經孟子考文補遺》，亦多好與朱子爲難，所斥駁多在性、情、仁、禮等説。豈所謂未成乎心而有是非，失之易而不遜志者與？將苟据版本異同，不深究其所原，不度德量力，犯不韙而不顧者與？夫所謂性者非他，仁、義、禮、知、信五者之德是也。所謂理者，即此五者所存所發自然之條理是也。自孟子而後，荀、揚不識，晦亂之者幾千年矣。幸程朱復辨明之，以續夫孔子、孟子之言，可謂灼然而無疑。乃自朱子没後而異説蠭起，專務攻之。明代儒者如陽明、甘泉、白沙、景逸、念臺，不肯虚心遜志，遵依程朱，硬自主張，别剏宗旨，妄起疑端，扣槃捫埴，自誤誤人。馴至近日，横流波蕩，承風吹脣，一同吠影。善乎張蒿菴之言曰「人有資性淳厚、立身謹愿而好詆程朱者，於《集注》《本義》諸書皆極力吹索，妄生穿鑿，必別立一解，欲駕其上。若肯平心於先儒成説，心體而躬踐之，豈不有益？乃費盡聰明，衹成一無忌憚罪過，亦深可惜。推原其故，自良知之説一唱，一二妄人遂敢肆口訕笑儒先，其説流布四方，雖有美質，亦被引壞，百年以來，餘毒未殄」云云。愚謂蒿菴猶未見後來漢學考證諸家之言至於此極也，使見之，又當如何太息！又愚嘗推漢學考證家所以誖妄如彼之故，其本病在務攻朱子以爲名，又外感變症在眩博，其夾雜症在耳食前人正論而不能審其虚實，如心學、門户、禪學、僞古文等。至於發狂，則神明亂而不可藥矣。

戴氏曰：「程朱以理爲如有物焉，得之於天而具於心，啓天下後世人人憑在己之意見而執之曰理，以禍斯民。更淆之以無欲之説，於得理益遠，於執其意見益堅，而禍斯民甚烈。離人情而求諸心之所具，安得不以意見當之。」又曰：「古聖人以體民之情、遂民之欲爲得理，今以己之意見不出於私爲理，是以意見殺人。」

按：程朱以己之意見不出於私乃爲合乎天理，其義至精至正至明，何謂「以意見殺人」？如戴氏所申，當體民之情、遂民之欲，亦必民之情欲不出於私、合乎天理者而後可。若不問理，而於民之情欲一切體之遂之是爲得理，此大亂之道也。程朱所以有大功於聖道者，政以其認理最真，辨理最精，而惟恐學者誤執意見以爲理也，所以能紹孔孟之傳而有大功於世政在此。今戴氏反即以其所精辨者意見不出於私爲理。而轉誣之，於其所用功而全力欲講去之者人欲而轉謂不當去。諸家著書，紛然祖述，益推而衍之，以蔑理爲宗。此所謂「讒説殄行，震驚朕師」者也。

又曰：「古人之學，在通民之欲，體民之情，故學成而民賴以生。後儒冥心求理，其繩以理，酷如商、韓之用法。彼自以爲理得，而天下受其害者衆也。」又曰：「聖人之道，使天下無不達之情，求遂其欲，而天下治。後儒不知情之至於纖悉無憾是爲理，而其所謂理者，同於酷吏之所謂法。酷吏以法殺人，後儒以理殺人，浸浸乎舍法而論理，死矣，更無可救矣。」

按：「情之至於纖悉而無憾是爲理」，此是理之極至大通處，自古聖人之心在是，聖人之政即在是。堯、舜、禹、湯、文、武、周公之所已行，孔孟之所講求而欲行之者，舍是無他事，程朱豈反不知？顧民之爲道也，生欲既遂，邪欲又生，苟不爲之品節政刑，以義理教之，則私妄熾而驕奢淫泆，犯上作亂，争奪之禍起焉。聖人知其然，故養欲給求以遂其生，又繼之治教政刑以節其性。司徒之命，修道之教，學校之設，所以明民者，惟義理之用爲急，故曰：「惟天生民有欲，無主乃亂；惟天生聰明時乂。」又曰：「以義制事，以禮制心。」此所以能纖悉無憾也。今謂不當以義理爲教，而第惟民之欲是從，是率天下而亂也。不知何代何王有此治法？殆莊老過中皇古之説，荒唐之言耳。

如《莊子·在宥》之説如是。然戴氏非能有老莊玄解，不過欲堅與程朱立異，故其説惟取莊周言「尋其腠理而析之」、「節者有間」等語，解「理」字爲「腠理」，以闢程朱無欲爲理之説，腠理乃是自然出於天者，故莊子謂之天理，乃是語妙，政借用天下萬事皆順乎天之自然，謂之理之正解。理本於天，謂之天理，欲則攙以人之私妄矯僞，非其自然。無欲爲理，自古聖經典相傳，未有易之者也，何忽以之罪程朱乎？祇爲自家占度，所以居身行己，不能免乎勢利聲色、貪淫邪鄙之爲，故深疾宋儒言理、言道、言正心誠意修身。盜憎主人，魑魅畏明鏡，無髮者忌人譏禿，無目者忌人嘲瞽，羞變爲怒，故奮其橫逆而不顧也。不然，何以儒者讀書講道而痛疾惡怒「天理」二字，必欲蔑之，箸書立説而不諱言之也哉？蔑天理爲便於逞人欲，東原即修士，而固無解於無忌憚之人欲矣，而況其承虛接響者邪？則亦仍不出訓詁小學伎倆。不知言各有當，執一以解經，此漢學所以不通之膏肓錮疾。又肆之以無忌憚之言，以汩亂聖人之經教，所謂「生於其心，害於其事；作於其事，害於其政」者也。且程朱所嚴辨理、欲，指人主及學人心術邪正言之，乃最喫緊本務，與民情同然好惡之欲迥別。今移此混彼，妄援立説，謂當通遂其欲，不當繩之以理，言理則爲以意見殺人，此亙古未有之異端邪説。而天下方同然和之，以蔑理爲宗，而欲以之易程朱之統也。或問彭魯岡曰：「陽明謂『與愚夫愚婦同的，方是同德』，當乎？」曰：「須必同夫與知與能，不然，愚夫愚婦之習心、習氣，待教化處尚多，何可與同？」

又曰：「君子或出或處，可以不見用，用則必措天下於治安。宋以來儒者，以己之見硬坐爲古聖賢立言之意，而語言文字實未之知；其於天下之事，以己之見强斷行之，而事情原委隱曲實未能得。是以大道失而行事乖，而天下受其咎。不知者且以躬行實踐之儒歸焉不疑。夫躬行實踐，釋氏之教亦爾。孟子闢楊墨，退之攘佛老，當其時，尊楊墨、佛老者或曰：『是聖人也，是正道也，吾所尊而守者，躬行實踐，救人心，贊治化，天下尊之，帝王尊之之人也。』然則君子何以闢之哉？愚人睹其功而不睹其害，君子深知其害故也。」

按：爲論披猖至此，肆無忌憚，至乃謂程朱語言文字未之知，事理原委未能得，致大道失而行事乖，天下受其咎，與楊墨、佛老同罪，凡尊信程朱者皆愚人，不睹其害，惟獨漢學君子深知而憂之，故力闢之不容已如此。竊以程朱以前，上溯晚周，其道失行乖與否？天下受咎與否？固與程朱無與。若程朱以後，元明以來，何道之失、何行之乖、天下所受何咎是爲程朱所致？事跡昭然，生民共睹，歷歷求之，一字不讐，此真無實不祥之言也！夫躬行君子，孔子所求，今並此黜之，謂不足貴，則天下尚安有白黑也？忿設詖邪至此，而方且自以用必措天下於治安。其徒尊之，謂之「集羣儒之大成，浩氣同盛乎孟子，精義上掩乎康成、程朱，修詞俯視乎韓歐。性與天道，了然貫徹。故吐辭爲經，用則施政利民，舍則垂世立教而無弊」。此段氏之言。又曰：「其學有功於六經、孔孟甚大，使後之學者無馳心於高妙，而明察於人倫庶物之間，必自戴氏始也。」此洪氏榜之言。又以能衛戴氏者爲衛道之儒。此江氏聲之言。邪妄熾結，任意亂道，雖天下之大無所不有，不應誕肆至此。

盧文弨《戴氏遺書序》曰「精詣深造，以求至是之歸。胸有真得，故能折衷羣言而無徇矯之失。其爲説也，未嘗使客氣得參其間，泠然而入，豁然而解，理苟明矣，未嘗過騁其辨以排擊昔人而求伸其説。其爲道若未足以變易當世之視聽，而實至名歸，一二公卿賢士大夫，洒然異之」云云。按：抱經此言不啻以周公頌王莽，以孔子頌魏忠賢，蓋無一字一語不政與東原相反，而何以稱之不顧世之清議哉？乃嘆抱經、莘楣皆號通儒端士，惜乎皆學其末而昧其本，於義理白黑一無所辨至於此極也。其平生箸述碎細卑狹，局於訓詁文字，所謂焉能爲有亡者，豈不深可惜哉？施朝幹曰：戴東原歿時，有人爲楹帖以輓之曰：「明德之後必有達人，孟子之功不在禹下。」以孔孟擬東原，豈非小人無忌憚者與？施，儀徵人，乾隆癸未進士，官宗人府丞、湖北學政，無子。此語在其《集》中。又乾隆末，浙人趙佑爲安徽學政，試徽州，議以東原配食朱子祠堂，休寧諸生葉元習力爭乃止。嘉慶間，吴人徐頲爲學政，竟行之。此爲至悖！無論東原學行足祀與否，即其生平專務詆詈朱子，而俾之並食一堂，朱子即無言，東原亦豈安乎？徐字直卿，癸丑第三人及第，亦依傍漢學以立門户者。

又曰：「《大學》開卷説『虚靈不昧』，便涉異學；『以具衆理而應萬事』，非心字之指。《論語》開卷説『可以明善而復其初』，出《莊子》，全非孟子擴充言學之意。《中庸》開卷説『性即理也』，如何説性即是理？」

按：「虚靈不昧」，狀「心」之體無過此四字之確；「具衆理」、「應萬事」，説「心」字之義亦無如此之確；「明善復初」，詁「明明德」亦無如此諦當。政使出於釋典，用之亦無害，况所明在善，則非「般若無知」之旨，尚何慮其爲病也。若夫「性即是理」，此句與孟子「性善」同功，皆截斷衆流語，固非中賢小儒所及見，况妄庸乎！且戴氏極詆程朱，固奉康成爲宗主矣，豈知程子此語正用康成《樂記注》「理猶性也」語。彼本不知性命爲何説，又失檢鄭注，《樂記》「天理滅矣」，鄭氏注：「理猶性也。」惠氏棟駁之曰：「前注云：『理，分也。』韓非曰：『理，物之文也。方圓短長，麤靡堅脆之分也。』理不作性理説。」又曰：「天理二字，始於《樂記》。」（此余見惠氏舊校《禮記》本云爾，惠氏刊行書無之，他處亦不見。）愚謂韓非之言與余前所説莊子義同，皆謂自然條分縷析，政理之的解。惠氏不識性，不識理，並不識韓非、鄭注所言，而妄生駁辨，由其粗淺，故成其妄而不覺。夫性非他，只是仁、義、禮、智、信五者之德而已，五者所存所發，各有不易之條理，皆出天之自然，是謂天理。觀康成《孝經説》，以血氣吉凶言性，未必深能辨此，而「理猶性也」一語，獨質之聖人而不謬，想必古昔相傳舊有是語，康成依而用之，昧者乃反闢其非，豈不可歎。又按：朱子《中庸注》「性即理也」一語本於程子，實爲精确不移，陽明卻易之以「心即理」，則大謬。《中庸》言率性而不言率心，孔子稱顔子其心不違仁，若心即是理，豈可曰其理不違仁乎？况陽明以無善無惡爲心之體，則「心即理」尤説不去。夫天理在乎能順而不可滅，不得謂之無善。蓋天地之間只是陰陽，曲直、從革、潤下、炎上、静厚，發生五者之氣，絪緼蟠結，人受之以生則爲剛柔、惻隱、羞惡、辭讓、是非，真實五者之心，此五者在天在人皆自然不相倍害，謂之理、謂之性，一也。惟所稟不能無差互不齊，故須由教學以復其本然，而教學之法，祇有讀書窮理。陽明之罪在師心自用，欲學者盡廢去讀書窮理之功，即心以悟，謂一悟無不徹，故主張知行合一而昧自明誠之教，欲以破朱子之學而實墮於佛，不知不窮理則先已不識性，不識性豈能盡心哉？故姚江之學興，不但説理無根據，即爲教爲學之方亦無根據。此事如油著麵，五百年來能確然明白之者不數覯，吾故不得不辨。遂輕妄立論，漫肆詆呵。余嘗論釋氏認心爲性，認意爲心，固誤，詳見朱子論。然猶説性。若世俗學者，雖讀儒書，然皆逞妄徇私，全從心與意上作用，蓋懵然不知己之有性，又安知性爲何物？其言命亦祇以死生禍福、貧富貴賤當之，是世俗之人不知己之有性、命者衆也久矣。苟知己有四端、五常，則知己有性，知四端、五常之爲性，則知性之本所從來爲命矣。性命之本，無有不善，使非出於理，何以能善？則性即是理明矣。趙岐僞《孟子外書》四篇有《性善辨》，知此事在孟子當日已自難與不知者言矣。近錢氏大昕稱《荀子》書曰「人之性惡，其善者僞也」，又曰「不可學、不可事而在天者謂之性。可學而能、可事而成之在人者謂之僞。僞即爲字」，以爲世人不識字，致使荀子蒙千載惡聲。愚謂辨「僞」與「譌」即「爲」之假借字，此爲確論，不可易矣，然固無解於性惡之説也。錢氏得「僞」字訓詁一端，沾沾自喜，遂不暇致詳上文，而以爲足爲荀子白千載之冤，則未然也。荀子本意謂人之性惡，其出於善者由人事强爲，亦略如告子杞柳桮棬、戕賊人以爲仁義之旨，錢氏何能代爲之解免也。新學小生，耳食浮游，執論孟子性善之説爲妄，以爲韓子三品之説本之孔子，而孟子可以啞口矣。豈知聖賢言各有當，孔孟之説，初不異乎？孔子所謂相近，是言氣質之性纔説相近，須是有兩般，天之所命只是一般。朱子解此直是精微，譬如金重於羽，一鉤金之偶少，則不勝一輿羽之重，而金之重性、羽之輕性不改也。推之焦土使枯、激水在山、鬱火使滅而流溼就燥，發生之性不改也。夫性善亦若是則已矣，孟子所稱蓋如此。若夫中人，可上可下，此則視其所稟所習之分數，稟氣有偏，先天也，習則後起也。苟未至於甚則皆可移。孔子此説，較孟子爲周備，而要非謂性之本體有不善，與孟子之言有殊。孟子特舉其最初者以立教，亦非於孔子之言有背，但未及詳説耳。孔子曰「有教無類」，《中庸》「修道之謂教」，所以教者，教此稟氣之偏不至於下愚與移於習者耳。使其性非本善，亦何可教？孟子所謂性善，亦謂人皆可與爲善，而慎毋棄而不教及自暴自棄焉耳。而豈謂滿街皆是性善之聖人，不待教乎？使孟子行政，必首以修道立教爲先務，性善之説，其旨如此，而何嘗悖於孔子乎？如執辭以害意，則孔子既曰不移，又曰無類，不自相矛盾乎？子思曰：「率性之謂道。」使性非本善，何可率也？率之而何能即爲道邪？明王廷相箸《雅述》，謂人性有善有惡，儒者亦不計與孔子言性背馳與否，而曰孟子言性善，是棄仲尼而尊孟子矣。況孟子亦自有言不善之性者，何獨以性善爲名？按：此説蔽昧，使孟子之言與孔子背馳，何以爲孟子？使程朱之言與孔孟背馳，何以爲程朱？此未詳讀程朱之書而妄説。王字浚川，謚敏肅。程子言：「論性不論氣不備，論氣不論性不明，二之則不是。」不論氣，何以有上智、下愚之分？故曰不備；不原其性之本善，則是不達其本，故曰不明。朱子曰：「論性不論氣，孟子性善是也。論氣不論性，荀、揚是也。孟子無害其爲性，荀、揚則不識性。」吕新吾曰：「宋儒有功於孟子，祇是補出氣質之性來，省多少口吻。」愚謂朱子雖稱氣質之説始張、程，亦據其炳著者言耳。其實孟子「動心忍性」及「性也有命焉」兩處説「性」，已與「堯舜性之也」之「性」不同。古人言各有當，非會而通之，則祇見其異耳。又李習之水火砂烟之喻，亦氣質之説，特不能如程、張之炳丹青耳。若孔子言氣質之性，朱子而外，無人道破。

考戴氏生平箸述之大及諸人所推，在《孟子字義疏證》及《原善》。《孟子字義》，戴氏自謂正人心之書。余嘗觀之，轇轕乖違，毫無當處。《原善》亦然，如篇首云云，取《中庸》、《論》、《孟》之字，標舉古義，以刊正宋儒，徒使學者茫然昏然，不得主腦下手處，大不如陳北溪《字義》。

臧氏琳曰：「《大學》一篇，本無經傳可分、闕處可補，此本陽明之說，臧鏞竊之以誣其祖者，蓋《經義雜記》多非出於玉林先生原有之言。余聞之前輩云。『誠意』正學者最切要處，所以成始而成終者，不當退處於後。」

按：此說乃學者是非通蔽，一人鬼關也，諸人皆從此路差去。其謂「本無經傳可分、闕處可補」，亦仍本前人之争古本者。惟說誠意不必本於致知，朱子退「誠意」傳使處於後，最爲亂道。蓋粗閲注疏本，胸中全未有知，不暇致詳，較李塨說更鶻突。塨以《大學》「格物」爲《周禮》「三物」。孔子時，大學教法所謂六德、六行、六藝者，規矩尚存，故格物之學人人所習，不必再言。惟以「明德」、「新民」標其目，以「誠意」指其入手而已。「格物」一傳，可以不必補。按：塨此說謬妄非一。聖人立教，祇教當時，不顧後世，及至後世，此事豈不缺此一義乎？若曰「人人所習，不必再言」，首章目中又胡爲條舉之？存其目而闕其事，即以書言，亦無此體例。孔子時，用人理財諸事皆尚有規矩，胡爲又言之？孔子時「三物」尚存，故不言。至朱子時，「三物」已不興，仍不必補傳，是終廢此一義也。一派謬說，全非理實。塨學於顏元，以躬行爲主，此等妄說，蓋又沿之王柏、毛奇齡諸人者也。又宋黎立武作《大學發微》所說誠意亦略與此同。黎立武，字以常，新喻人，咸淳進士，華文閣侍制。入元，徵不起。夫《大學》之書，即不以爲孔子之言、曾子之意，而經文見有之言，不可誣也。經固曰「在明明德」，則上一「明」字自不可忽，格物致知，正明之之實事始功。誠意非所以成始也，經文曰「欲誠其意者，先致其知」、「知至而後意誠」，次第分明，非朱子移使退處於後也。夫致知而後誠意，尚難言之，況原不曾致知而曰誠意，所誠定何等意也？當篇文義，不暇照管，脱節亂道，其失猶小；惟不本致知，直標誠意，使學術緣此歧誤，其害甚大。以虞帝「惟精惟一」言之，「精」是致知窮理，「一」是誠意執中，則正心也。以孔子誠身之目言之，學、問、思、辨四者屬格物致知，篤行始是誠身。故康成注此曰：「勸人學誠其身也。」學雖不專屬致知，然節目大概如此。朱子曰：「致知格物者，堯舜所謂精一也。正心誠意者，堯舜所謂執中也。」夫説經，於聖學宗旨切要處敢爲亂道若此，何其輕妄不自知量無忌憚乃爾！昔朱子以「誠意」章爲學者人鬼關，在今日則直當以「格物致知」章爲學者人鬼關也。蓋不窮理致知則不知至善之所在，當止之處固爲凡民之不識，是非邪正者無論矣。於此而有質美，不待致知而自誠其意者，苟非生知上聖，則不過爲不踐跡亦不入室之君子善人如黄憲者而已，非明德之止於至善也。出乎此，則入於告子之不動心、禪家不思善不思惡心如牆壁之所爲矣。然則致知、誠意，正儒、禪、愚三家分界至緊要處。諸人詆宋儒言心、言理、言格致墮禪，捕風捉影，却於此處滅火去明，自開歧路引放教誤走，反咎朱子之執炬指路者爲非，豈非罔邪！比因論漢學力攻窮理之説，因悟及此，私竊自幸天啓其衷。後儒得吾説而明之，不論《大學》有闕無闕，衹朱子此所補傳，正儒、禪之分界，導愚善於睿聰，愚善之人衹有寬裕温柔一德，而聰明睿智、發强剛毅、文理密察皆不備也。有功於聖教，日月不刊矣。蓋自王柏以來争古本者紛紛不一，實未有分明得利害關繫有如此者。馮山公有《答閻百詩書》，與余此説同。又高景逸名爲尊朱子，而亦以古本爲是。景逸於此義不得明，又安能識性？吾故曰：高景逸、劉念臺未嘗知學，以其未知入門也。凡尊古本，皆爲欲去「格致」傳，不從格致入門，而以誠意爲入手，其學無頭，其病百出矣。濂溪由静而動，是論天地陰陽、道之全體，確是如此。若學者明明德，則必以知行爲之次第，由明而誠，事理確是如此。故必從格物致知入，而後知止之所在，孔子所以贊黄鳥也。蓋格物致知即是明之之實事實功。白沙從静中養出端倪，是先從定静入手，無頭而同於禪矣。雖主静功夫學者不可少，然古今學人亦安能盡得寬閒歲月，如僧家之閉門瞑目静坐乎？孔門教人，祇隨事教之，故曰：「出門如見大賓，使民如承大祭。」若如白沙，則當曰閉門，不當云出門，當曰静坐，不當云見賓、使民。聞白沙築陽春臺，閉門習静，穴壁進食三年，無論似僧家行律，而貧寒之士固不能效法矣。陽明亦曰：「人須在事上磨鍊做功夫乃有益，若祇好静，遇事便亂。」据此，白沙又不逮陽明遠矣。故知以静養爲入手，提唱標爲宗旨，其不可也明矣。至劉念臺從慎獨起見，以省察爲頭，畢竟前面亦少格致，政與以誠意入手同旨，特改换名目耳。凡此皆仍姚江之失。嘗試論之，凡人未曾致知者，人欲交滚，念念動亂，以惡爲能，且不知己念中何者爲善，何爲不善，何時有静，何時動起，安能遽望其慎獨、動念而即能辨善惡之幾邪？故必如堯舜之敬敷五教，周樂正之崇四術，孔子之入孝出弟、謹信、親愛、學文、處貧富、無求安飽，孟子義利、性善、王霸、辭受取與，《中庸》亦先提個命、性、道，都教人先知大分。從此學之，所謂知止也，既知止，然後加省察功夫，以誠其意，事理次第，確是如此。故凡陸、王明儒之學，皆祇爲自己，及學者已成就向上者言，未爲不可，而便以此立爲宗旨，欲攻《大學》格致之説而去之，則爲無知邪説矣。格致是明明德始功，誠意乃討實下落事也。李塨謂直以誠意指其入手，臧氏謂誠意正學者所以成始，皆大誤。夫人未致知，則始學功夫有闕，縱誠得善意，而品節必不詳，豈不同於禪？故「格致」傳斷不可攻，誠意斷不可作入手。李二曲曰：「『明德』與『良知』無分別，念慮微起，『良知』即知其善與不善。知善即實行其善，知惡即實去其惡，不昧所知，心方自慊。」愚謂此亦談何容易，上根上智如顔子，猶須用克治，其次則必大勇血戰，故孔子告原憲曰：「可以爲難。」自古聖賢所争在此，故朱子謂之「人鬼關」。然前面必須有「致知」一層，李氏移「誠意」合於知，以「良知」混當「致知」之「知」，所謂頓門也，陸、王之旨如此。不知「良知」、「明德」是指本體，與「致知」「知」字不同。上聖之人本誠而明者，或即用「明德」、「良知」爲照，若學者思誠明，「明德」則必先「致知」，所謂明之也，明而後誠也，致曲也。陸、王祇由自己天資高，不顧古今學者不能人人皆爲上智，如己之明決勇鋭也。然且其後猶有病，如王氏再傳已爲顔山農、何心隱、李贄可見。宿松朱書曰「由陽明之道，率天下之人盡爲王心齋、王龍溪、顔山農、羅近溪、趙大洲、何心隱、李卓吾之徒，棄禮法，任放誕，詐諼縱横，肆無忌憚，如飲狂泉而不可救」云云。故孔孟之教必從下學入手，朱子所以苦争之也。二曲《學髓圖説》與蕺山《人極圖》皆沿姚江之謬，比因論誠意不可入手，致知之功不可缺，而二曲牽知與誠意作一事，益爲謬説，故附訂之於此。總之，《大學》本經曰「在明明德」，自姚江以來，諸儒衹提唱「明德」，將上一「明」字抹去，何其鹵莽滅裂也！如李塨直以「明德」、「新民」對言，尤非。

陽明謂格物致知即是誠意，宗旨在此，大謬在此。又曰：「《大學》功夫即是明明德，明明德功夫衹是誠意，誠意功夫衹是格物致知。若以誠意爲主，去用格致的功夫，即功夫始有下落。湛氏《格物通》本此。如文公新本先去窮格事物之理，即茫茫蕩蕩，都無著落處，須用添個『敬』字，方纔牽扯得向身心上來，然終是没根源處。」按：此是陽明破朱子以讀書窮理爲學、補「格致」傳一大宗旨公案。自劉念臺、李剛主等以來，流傳謬種，至今未已。彼以窮格事物之理爲没著落，不知朱子已補小學在前。此格物致知，亦就倫常日用、經世理物、六藝之文、先務之急而讀書以窮其理，非茫茫蕩蕩也。且「敬」是徹始徹終，爲學之本不可少，不可謂之添出。朱子此法完密周善，質之孔子無疑，百世以俟聖人不惑，而陽明獨以爲非，豈非異端！爲學固知行並進，然畢竟知在行先，不明乎善，不誠乎身，知得分明，然後行得分明。此理昭於天壤，古今人心所同，何以昧者猶必欲破之，豈不由矜名好勝之心私妄熾結，而不暇虚中遜志以求理乎？夫乘舟而迷者，見斗極則悟，吾人所恃爲斗極者，非堯舜孔子乎？堯舜之道在惟精惟一，孔子教顔子博文在先，約禮在後，四教文在行先，誠身之目學、問、思、辨在篤行先，則朱子以讀書窮理爲學之始功，有何謬處？若誠意自是行中事，非致知事，譬如身今欲往何方，亦必心中先有所擇而後決往。既決往，又必講去其歧塗叉路而後步趾，故曰：知得不錯，而後行得不錯。夫誠意固其所當講知之要道矣，然天下萬事萬物之理無窮，各皆有爲民生利用安身所必不可闕、必不可亂之道，誠意如何能包括得？夫誠意祇是爲修身先牌，堅定爲善去惡耳。至於修齊治平許多事，前既不講，後置不論，但曰《大學》全功在於誠意，此分明是佛之宗旨。古今聖人相傳至道，豈如是其無頭乎？吾嘗論陽明大罪，祇是一妄，誤天下人心學術，其本病在務矜一己之名，欲盡蓋前後一切學者，實非真有衛道明教之衷誠，此念一發，遂不得不掃滅朱子，務行己之私説，所以爲罪也。世人讋於其名德功勳，不敢輕議，有議者則羣以爲犯大不韙。余謂陽明序古本《大學》曰「合之以經而益贅，補之以傳而益離」云云，此或粗心未審，猶曰尊古而然。至於説格致即是誠意，誠意功夫即是格物致知，豈非昧心？何以自證其良知乎？夫功在一時者，與時消歇者也；功在萬世者，天地之心、生民之命也。陽明宸濠之功，孰與夫破壞學術、惑世迷人之罪之多乎？陽明初去格庭竹致病，故疑朱子格物之説爲茫茫蕩蕩無著落，爲其天姿高明，後來一悟本心而得力，遂主之立爲宗旨。所惜不更平心細考朱子所以爲學之方，而決去不顧，此其過在昧「不遠復」之幾，然後知孔子所以賢顏子爲好學也。夫陽明之先，差之歧塗毫釐耳，及其後務行其私説，遂至犯罪而不可恕，則失之千里矣。乃知「不遠復」三字，爲學者百世之師，而至今諸漢學妄人猶迷於此塗，寧死不悟也。然試叩其本心，大抵出於私妄矜名，並無衛道明教真意，不過爲風力所鼓，悍然遂欲以霸易王耳。昔劉屏山教朱子以「不遠復」三字，俾佩之終身。按：陽明良知之教，啓悟人心甚妙，即所謂「本心」也。蓋其義本於孟子反本之説，而其名亦本之孟子不學而知之名，與朱子解慎獨「人所不知而己獨知之」之地略相似而不同。陽明以此「知」混作「格物致知」之「知」，則全非是。又以此爲即是誠意，尤非。此祇可謂之心光所發之本意，而不可混誠，誠是實持此良知所明之善一邊念耳。夫既曰不學而知，則非待於致，且一知便誠，則誠意尚何難？何用做功夫？陽明以佛學爲教，自立門户，而必以此亂《大學》，斯爲矯誣也。言誠意而不先之格物致知爲無頭。吾嘗言：今告人以酒色害身，人雖然之而仍多溺之，若砒鴆則未有肯試之者，知至故意決也。《大學》「知至而后意誠」，次第分明。張楊園曰：「百餘年來，學者率以誠意爲主。」又云：「昌黎《原道》引《大學》至『誠意』止，不及『格物致知』，爲無頭學問。吾人之身，大而君臣父子，小而事物細微，莫不各有當然之則。惟於理有未明，是以知有不至；惟於知有不至，是以意有不誠。由明入誠易，舍明求誠難，古人所以必以讀書窮理爲先。」按：楊園此所云，明謂學有緝熙窮理也，非良知、本覺自明之宗旨，《中庸》言「明則誠」，所謂「明」即「其次致曲」也。而陽明乃以生知上睿爲「明則誠」之「明」，無論闕《中庸》「謂之教」三字，而安得遽以是普望學者邪？故曰：陽明之罪，在一妄字。劉念臺宗王氏，不主格物致知，作《人譜》，證人以省察爲頭，實爲滅裂。夫省察者，將以改過而誠意也，故《人譜》言改過最警切。張楊園曰：「欲改過須先知過，欲知過須先明乎善，欲明善須是致知。今謂格物致知爲非，而切切言改過，吾不知所謂過者何也？」按：楊園初受業念臺，後悟其失，而不欲以訐師爲名。若此言，豈非爲《人譜》發乎？

至臧氏謂「本無經傳可分，闕處可補」，亦未詳讀經文。按鄭氏於後諸節皆一一分注曰：此「廣明誠意之事」，「覆明前經正心、修身之事」，「重明前經修身、齊家之事」，「覆明前經齊家、治國之事」，「覆明上文平天下先治其國之事」。是鄭君亦已章章分應前經，非朱子始分爲經傳也。但鄭氏既一一分應前經，不應「誠意」前獨闕格物致知之事，而又以「曾子曰」、《淇澳》、《烈文》兩詩，《康誥》、《太甲》、《帝典》三書，《湯盤》、《玄鳥》、《文王》之詩，夫子聽訟之言，總謂是皆「誠意之事」，殊爲混淆不確。此所以致諸儒有無傳可補、誠意當爲入手及諸家改本之聚訟，則皆不如朱子所定爲理順而文從也。争《大學》者，不出此數端。然未有明夫不致知則同於凡民，不致知而誠意，苟非生知上聖，則流於禪與愚善者。余此説實爲漢唐以來、朱子以後衆説總結一斷案，而凡紛紛攻朱子之補「格致」傳者，皆未細心窮理也。

汪中曰：「《大學》與《坊記》、《表記》、《緇衣》伯仲，爲七十子後學者所記，於孔氏爲支流餘裔，師師相傳，不言出自曾子，視《曾子問》《曾子立事》諸篇，非其倫也。閻百詩《與馮山公書》疑曾子，與此同。宋世禪學盛行，士君子入之既深，遂以被諸孔子。是故求之經典，惟《大學》之

『格物致知』可與傳合，而未暢其旨也。一以爲誤，一以爲闕，舉平日之所心得者，悉著之於書，以爲本義固爾，然後欲俯則俯，欲仰則仰，而莫之違矣。習非勝是，一國皆狂，即有特識之士發悟於心，止於更定其文，以與之相争，則亦不思之過也。誠知其爲儒家之緒言，記禮者之通論，則無能置其口矣。」

按：以此闢《大學》，是拔本塞源，直傾巢穴之師也，較諸儒之争古本、補傳者，王柏、季本、高攀龍、崔銑、葛寅亮改本，見毛奇齡《大學證文》。外如黎立武、董槐、葉夢鼎、車清臣、方正學、王陽明、李安溪，皆主古本者。又有石經《大學》，陳幾亭曰是豐坊僞作，坊言得之某冢中，鄭端簡極信之。車清臣，名若水，黄巖人，初師陳耆卿，接永嘉派，改師陳文蔚，傳考亭學，《腳氣集》堅持道學，又有《玉峯冗稿》十卷。更爲猛矣。然亦祖述楊簡、慈湖斥《大學》非聖人之言。毛奇齡、張文檒、戴震等之邪説，而益加謬妄耳。自來譏宋儒墮禪，未有直加諸程朱之身及原本於格物致知者也。夏樹芳首創邪論，援儒入墨，此更睽孤之極，極口不顧矣！夏樹芳，江陰人，著《法喜志》，雖韓子、周、程、朱子皆入之，錢牧翁爲誌墓。按佛言凡人見妻則喜，佛見法即喜也。

「周秦古書，凡一篇述數事，則必先詳其目，而後備言之。今定爲經、傳，以爲二人之辭，而首末相應，如出一口，殆非所以解經也。意者不託之孔子則其道不尊，而中引曾子又不便於事，必如是而後安耳。門人記孔子之言，必稱『子曰』、『子言之』、『孔子曰』、『夫子之言曰』以顯之。今《大學》不著何人之言，以爲孔子，義無所著。」

此蓋亦祖述毛奇齡、戴震之意。毛著《大學證文》主古本，力攻程朱。戴震自始入學即疑此，以問其師曰：「子朱子何時人？」曰：「南宋。」又問：「曾子何時人？」曰：「東周。」又問：「周、宋相去幾何時？」曰：「幾二千年。」曰：「然則朱子何以知之？」按：朱子以前，實未有以《大學》爲曾子作者，宋過源《浩齋語録》已稱《大學》爲曾子作，已有《大學》定本、《中庸》定本。《四庫提要》斷其僞託不可信。然考訂聖賢之言，亦以其義理辭氣得之，非必全藉左證。且如張揖以《爾雅·釋詁》爲周公作，張亦出於後世，何以知其然，而諸儒篤信不疑也。又如毛氏説《緇衣》爲公孫尼子作，此出於劉瓛之言，又何獨可信乎？至鄭氏以《論語》爲仲弓、游、夏所記，不如柳子厚、程子爲篤信也。李善《文選注》引《論語讖》曰：「子夏六十四人，共撰仲尼微言。」

「標《大學》以爲綱，而驅天下從之，此宋以後門户之學，孔氏不然也。宋儒既藉《大學》以行其説，慮其孤立無輔，則牽引《中庸》以配之。」

惠氏棟亦曰：《祭統》與《中庸》合，若非出一手，則同時也。宋儒獨取《中庸》。按《漢志》有《中庸説》二卷，師古注：「今《禮記》中有《中庸》一篇，亦非本《禮經》。」孔《疏》引鄭《目録》云，此於《別録》作通論。《五禮通考》曰：《中庸》，漢儒無所附麗，編之《禮記》，實於五禮無所屬，故劉向謂之通論云云。今惠氏以配《祭統》，與汪氏以《大學》配《坊記》、《表記》、《緇衣》同一陋見。然亦由其立意與程朱爲難，遂不暇審是非，此正《大學》所謂「心所有忿懥，不得其正」，而《中庸》所謂「知德者鮮」、「鮮能知味」者也。又按《隋志》，南齊戴仲若有《中庸傳》二卷，梁武帝有《中庸講疏》一卷，惟《大學》自唐以前無別行之本。然考宋仁宗書《大學》賜進士，范文正公以《中庸》授張横渠，《書録解題》有司馬温公《大學廣義》一卷，《中庸廣義》一卷。表章《大》、《中》，皆在二程以前，不如汪氏無稽之談也。

「然曾子受業於孔門，而子思則其孫也。今以次於《論語》以前，無乃傎乎？蓋欲其説先入乎人心，使之合同而化，然後變易孔氏之義而莫之非。所以善用其術，而名分不能顧也。」

按：朱子定著《四書》，首《大學》，次《論語》，次《孟子》，次《中庸》，乃以爲學次第爲書之次第。譬如居室以寢廟爲尊，而不以立於堂户大門之外，豈爲傎乎？「君子之道，孰先傳焉？孰後倦焉？譬諸草木，區以別矣」，人既有之，書亦宜然。且《論語》爲門弟子所雜記，《大學》亦記述夫子及諸賢之言，何名分之嫌？夫子删《詩》，以《關雎》、《鹿鳴》、《文王》、《清廟》次於《公劉》、《后稷》、《太王》之前，不爲傎乎？《儀禮・士冠禮》賈疏：「《周禮》叙官之法，事急者爲先，不問官之大小。《儀禮》見其行事之法，賤者爲先，其《昏禮》亦以士爲先，大夫次之，諸侯次之，天子爲後。」按《四庫提要》云朱子《四書》「原本首《大學》，次《論語》，次《孟子》，次《中庸》。書肆刊本以《大學》、《中庸》篇頁無多，併爲一册，遂移《中庸》於《論語》前。明代科舉命題，又以作者先後，移《中庸》於《孟子》前」云云。今汪氏不知朱子原本次第，乃據坊本譏之，無知亂道，見鄙通識，可爲笑柄矣。且汪氏既斥《大學》，欲廢《四子書》之名，而作《墨子表微序》，顧極尊墨子，真顛倒邪見也。按其稱墨子言，謂與《曾子》相表裏。又稱墨子與孔子位相埒、年相近，皆操術不同，皆務立言以求勝，固不足以勝之。墨子誣孔子，猶之孟子誣墨子，歸於不相謀而已。此本《孔叢子・詰墨篇》中語。按：孔子豈求勝者？又豈不足勝墨子者？古今羣言衷諸孔子，孟子與孔子爲一家，今謂孔、墨但不相謀而已，道皆是也。此祖焦竑之謬論，其實焦竑又祖之韓退之者也。竑曰：趙學士孟静云，往讀荀卿譏孟子，略法先王而不知其統，未嘗不駭其言。及探道日久，心稍有知，回視孟子之禽獸楊墨，竊謂過矣。夫墨子本於禹，楊子本於黄帝、老子，皆當世高賢，其學本以救世。孟子法孔子，孔子以前有所不暇考，荀氏之言或未爲過云。愚謂楊、墨本於黄、禹，即或有然，但流弊既極，亦當革而救之。三代忠質文且然，何況楊、墨。若以其源出於古帝即不當譏議，則是世家之僕悖亂犯法亦不當治。如此淺古，孟子乃不暇考邪？然其説亦本之韓退之。韓云儒、墨同是，墨子必用孔子，孔子必用墨子，不相用不足爲孔、墨。按：宋葉大慶《考古質疑》内引《孔叢子・詰墨篇》證孔子不得有助白公之事，並晏子、景公亦無是問答，皆墨子鑿空造謗。據此，則退之謂孔、墨必相用，真妄言也。韓、柳並世勍敵，而柳所辨古書諸篇，其義理往往出韓上，不獨《論史官》、《天説》、《復讎議》等也。學者讀書論古，當平心求其至是，不得以韓公名高，震而曲附之也。真西山曰：「太史談《論六家要旨》列儒、墨於陰陽、名、法、道家之間，是謂儒特六家之一耳。而不知儒者之道無所不該，五家之長，儒者皆兼有之，其短者，吾道之所棄也。」《困學紀聞》云「孔、墨並稱始於戰國之士，其流及於漢儒，雖韓退之亦不免」云。余按：程書論楊、墨凡六處見，惟卷第十八劉安節所記「問退之《讀墨篇》」論最詳，可以定楊、墨之斷案矣。王荆公詩云：「孔墨必相用，自古寧有此。退之嘲魯連，固未知之耳。」與余所見合。又王厚齋亦譏揚雄學孟子而尊楊墨。夫天下無二道，墨子是則孔子非矣。墨子偝三年之喪敗男女之交，此一語已得罪名教，安得與孔子並也？至於兼愛之末流，乃至無父，幸孟子闢之，後世乃不興行，何謂誣之？此等邪説皆襲取前人謬論，共相簧鼓，後來揚州學派筆書皆祖此論。又紀氏昀論荀卿《非十二子》云：「子思、孟子，後來論定爲聖賢耳，其在當時，固亦卿之曹偶。是猶朱、陸之相非，不足訝也。」按：思、孟在前，其論已明，非如朱、陸並世之比。卿乃不識真聖賢，既不知言，尚明何道？使後世不有程朱，則子思、孟子之道不著，即孔子之道不著。今生斯道大明之日，必欲夷孔子、子思、孟子於楊、墨，力斥《大學》、《中庸》而毁程朱，不爲欲自絶於日月者乎。夫《大學》縱非孔子之言，曾子之意，但令學者守此爲學，學必不誤，本此爲教，教必不歧，可以遠紹唐虞三代司徒、庠序之教，包孕六經羣聖之言而不悖焉，亦足矣。視世所傳《曾子》，氣象廣狹，義理精密，何如也？乃貴彼賤此，斥爲不如《立事》等篇，可謂有目乎？按《漢志》，《曾子》十八篇，今世所傳，視《漢志》亡其八篇矣，十篇見於《大戴禮》。何義門云：「疑《曾子》之書已亡，後人採《大戴禮》僞爲之。」愚按：謝上蔡《論語説》論曾子曰「惜乎其嘉言善行不盡傳於世也」云云，則固不以世傳《曾子》爲可信也。今世傳《曾子》一卷，宋汪晫編，儀徵阮氏復重編刻。

阮氏元曰：「朱子中年講理，晚年講禮，誠有見於理必出於禮也。如殷尚白，周尚赤，禮也。使居周而有尚白者，以非禮折之，則人不能争；以非理折之，則不能無争矣。故理必附於禮以行，空言理則可彼可此之邪説起矣。然則《三禮注疏》，學者何可不讀。」

按：顧亭林在關中論學曰：「諸君，關學之餘也。横渠、藍田之教，以禮爲先。孔子教顏子博文約禮，而劉康公亦云：『民受天地之中以生，所謂命也。是以有動作威儀之則以定命。』然則君子爲學，舍禮何由？」又曰：「某年過五十始知不學禮，無以立。」然顧論主率履之禮，此主注疏、訓詁、名物之禮；顧以孔門執禮、約禮斥明儒心學縱恣之失，此以注疏、名物、制度破宋儒格物窮理之學。宗旨各有在也。此論出之最後、最巧、最近實，幾於最後轉法華。新學小生信之彌篤，惑之彌衆，争之彌力，主之彌堅，以爲此論出而宋儒窮理之説可以摧敗掃盪，萬無可復置喙矣。不知禮是四端、五常之一，理則萬事萬物咸在。所謂禮者，理也，官於天也；禮者，天理之節文，天叙、天秩云云，皆是就禮一端言。其出於天理，非謂天理盡於禮之一德，而萬事萬物之理，舉不必窮也。周子言理曰：禮者，是就四德分布者言，非以一禮盡四德之理也。蓋分言之則理屬禮，合論之仁、義、知、信皆是理。雖禮之取數至多，爲義至廣，宰制萬物，役使羣動，三千三百，無所不統。然自古聖人爲教，必又區仁、義、知、信之名，設《易》、《書》、《詩》、《春秋》之教，而不知以一《禮經》統括之，何其紛紛不憚煩邪？將智不及與？抑固不可與？考聖人爲教，知行並進，博文約禮，次第分明，語有單舉，理無偏廢，故子思曰：「夫子之教，必始於《詩》、《書》，終於《禮》、《樂》。」荀子亦曰：「其數則始乎誦經，原注：「謂《詩》、《書》。」終於讀《禮》。」樂正四術，雅言四教皆然。自古在昔，固未有謂當廢理而專於禮者也。且子夏曰「禮後」，則是禮者爲迹，在外居後；理是禮之所以然，在内居先。而凡事凡物之所以然處皆有理，不盡屬禮也。今漢學家厲禁窮理，第以禮爲教。又所以稱禮者，惟在後儒注疏、名物制度之際，益失其本矣。使自古聖賢之言、經典之教，盡失其實而頓易其局，豈非亘古未有之異端邪説乎？夫謂理附於禮而行，是也；謂但當讀《禮》，不當窮理，非也。理斡是非，禮是節文，若不窮理，何以能隆禮、由禮而識禮之意也？夫言禮而理在，是就禮言理。言理不盡於禮，禮外尚有衆理也。即如今人讀書作文，學百藝以及天文、算數、兵謀、訟獄、河防、地利一切庶務，謂曰須明其理，則人心皆喻；謂曰此皆是禮之意，則雖學士亦惶惑矣。故藉之虚詞，可以勝於一國；考實案形，不能謾於一人。窮理、明理之言，順而易知，謂以禮賅一切理，逆而難知。孔子順折公孫龍曰：「不知君將從其易而是者乎？將從其難而非者乎？」然而新學小生必執是説以爲至當不易者，學未知本，耳食新奇，承竅附和，逐臭趨名，而其中實莫之能省也。顧亭林引林文恪材之言曰：「正德末，異説者起，以利誘後生，使從其學，士附講學之門者皆取榮名。於是一唱百和，如伐木者呼邪許，徐而叩之，不過徼捷徑於終南，而其中實莫之能省也。」竊謂今日之漢學，其弊亦若是。夫六經、孔孟多言思，《洪範》曰睿，曰思曰睿，非謂以心通其理乎？凡天下事物，莫非實理，何云空言窮理也？理屬知邊，禮屬行邊。孔子曰「窮理盡性」，孟子曰「盡心知性」，言知其理也。唐、虞、伯夷所典，周公所制，孔門言執、言復、言約，謂行其禮也。上以是範圍，下以是率履也。今欲申其蔑理之旨，舉凡事物之理，悉舉而納之《三禮注疏》，是尚未及率履之禮，按李顒、顔元、李塨等有懲於明儒心學之失，務以躬行矯之，似也。而亦毀程朱，亦不窮理，則亦子莫之執中也。茲漢學者僅欲以訓詁小學、名物制度易程朱之統，又下於二曲、習齋輩一等。

其於聖人之教不亦遠乎！《商書》曰：「以義制事，以禮制心。」今乃欲以《三禮注疏》制心，此豈仲虺之智所及邪？或曰：夫人以《禮經》爲教，其名甚正，其實甚美，宜無倍於聖人，何子論之深也？曰：是當考其本意，防其流弊。此之宗旨，蓋欲絀宋學，興漢學，破宋儒窮理之學，變《大學》之教爲考證之學，非復唐、虞、周、孔以禮垂教經世之本，並非鄭、賈抱守遺經之意，何也？鄭、賈諸儒不禁學者窮理，又未嘗蓄私意，別標宗旨，欲以一手掩天下目也。故邪説假正，正亦邪也。若此説遂行，將使學者第從事訓詁名物，喧争忿訟，於一切之理概置不講，勢必致人心日即於昏蔽。而推行之際，必缺略迂滯而多阻，既深罪空談義理之非，又力援大儒《禮經》之重，於是人心盡移，若真覺義理之學謬迂可厭，真無實用矣。邪説害正，其端甚微，其流甚鉅，聖人復起，不易吾言矣。至其援朱子晚年修《禮經》諸説，此乃誣朱子中年言理，晚始悔而返之於禮者，與陽明《朱子晚年定論》其事恰相反，而其用意之私，爲説之巧，伎倆則適相同。善乎朱澤澐有言曰：「尊德性莫如朱子，道問學亦莫如朱子。」彼以尊道分塗，爲早晚異同之論者，豈知朱子者哉？朱子《答項平父書》云：「子思以來教人之法，惟以尊德性、道問學兩事爲用力之要。子静所説專德性事，而某平日所論，問學上爲多。所以爲彼學者多持守可觀，而看義理不細。而某自覺於爲己爲人多不得力，今當反身用力，去短取長，庶幾不墮一邊。」按：朱子自言，如此明白，不待程篁墩之論矣。又按：陽明《答徐誠之第二書》云云，殆未見朱子此書邪？又吴草廬嘗爲學者言：「朱子道問學功夫多，陸子静卻以尊德性爲主。問學不本於德性，則其弊偏於語言訓釋之末，果如陸子所言矣。今學者當以尊德性爲本，庶幾得之。」愚謂朱子何嘗不尊德性，《答項書》特以警學者耳。文正主陸學者，卻借朱子此所自言而以施其左袒爲陸之計，其流弊遂爲顔元、李塨、李顒等之差，誣朱子，誤後學，其失匪細，不可不辨。後見虞文靖已辨其不然。文靖，師文正者，而其論甚平正。又顧涇陽《學蔀通辨序》謂朱子歧德性、學問爲二，不能無失。愚謂顧氏乃不知朱子如此，其不逮朱止泉遠矣。夫朱子之學以格物窮理爲先，豈至中年而始從事，晚又棄而不言乎？且中年講理，豈盡蹈空？而如所注各經及集中諸考證文字，具有年歲，豈皆晚年之説乎？《年譜》具在，可考而知也。即其晚修《禮經》，豈至是絶不復言義理，而禁學者不得復言格物窮理乎？而朱子前没之四日，猶改《大學章句》，何以不聞悔而去「格致補傳」也？亦可見其妄援立説，誣而非事實矣。朱子論學，見於《遺書》、《文集》、《語録》者至詳，今概置不言，第舉其一事與己意相近者，便辭巧説，疑誤學者。此關學術是非得失之大，非若他處訓詁名物、一事一詞之失無關輕重者比，吾故不得不辨。

又曰：「聖賢之教，無非實踐。學者亦實事求是，不當空言窮理。《大學集注》『格』亦訓『至』，『物』亦訓『事』，惟云『窮至事物之理』，『至』外增『窮』字，『事』外增『理』字，加一轉折，變爲『窮理』二字，遂與實踐迥别。」

按：此説乃漢學宗旨第一義，千條萬端，皆從此路差去。何以言之？蓋漢學諸人畢深忌痛疾致知窮理，所以説來説去無不歸於錯者，其本亂也。聖門論學，固知行並進，然知畢竟在先，使非先知之，何以能行之不失也？理即事而在，所謂是者何邪？非理之所在邪？若不窮理，亦安知所求之是之所在？朱子固曰在即物而窮理。夫即物窮理，非即實事求是乎？於此而强欲别標宗旨，非所喻也。朱子稱謝上蔡以求是論窮理，可知窮理正爲求是。窮理本孔子之言，以之訓格物致知最確，何謂增出？事是跡，理是事之所由分是非得失處。今曰止當求是，不當窮理，欲以標其蔑理宗旨門户，猶曰吾止飯食，不需禾米，無乃不惠乎？兒説持白馬非白之説，服齊稷下之辨者，乘白馬而度關，則顧白馬之賦，虛言徒自謾耳。程朱教人窮理，皆先就自家身心及倫物日用之地求之，爲説甚詳，何嘗以空言窮理？自宋以來説格物者多端，惟此最巧，非精審明辨，幾莫能破其僞而奪其堅也。蓋「至」有二義：一親至，一周至。親至如云迪知、迪哲，與謀面爲對。程子譏王介甫看相輪之説是也，阮氏此説近似之。迪知、迪哲是以知爲主，阮氏宗旨以行爲主。蓋取力破朱子窮理，申漢學之厲禁，非復論知也。愚以彼言致知在實踐，有合於古聖人迪知、迪哲，故謂之曰巧、曰近似。其實彼之爲説，但截斷「格物」二字，詁爲至事，解爲實踐，並不顧本句爲「致知」言，乃最拙、最不通也。周至如孟子「盡其心者」之「盡」字義，故康成亦曰「致知」「致」字或爲「至」，而朱子所謂「極處無不到」也。余嘗作《雜説》，有「舟行望見廬山」云云，意蓋如此。然則何以明阮氏之説爲非而必從朱子爲是也？曰：周至能包迪至，迪至不能包周至，朱子義較密，一也。凡天下事物，固踐之而知，其知彌真。然遂謂天下學者概不當窮理，祇以實踐求是，則於聖賢之教爲有闕漏。以行爲知固謬，以行廢知，益爲邪説。此其宗旨不可爲訓，一也。《大學》條目次第分明，若首於知前豫説行，則以後誠、正、修、齊諸行邊事轉没事，是其目虛設也。若「格物」所訓爲「至事」、爲「實踐」者，即在誠、正、修、齊、治、平，則匹夫蕭然蓬户，安得有國與天下供其實踐至事？否則終身無由知治平之理，而「知」終不得而致矣，余初説若實踐即在誠、正、修、齊、治、平，則誠、正以下皆有實行，而致知之目獨無事乎？且使經文「在」字、「而后」字儱侗無著，纔恐其申辨，以爲誠、正以下即「致知」實事，以「致知」併於「格物」，以「格物」統貫誠、正、修、齊、治、平六條，如湛氏《格物通》之例。如此狡辨，又足以惑學者，終爲不了，故改從後説。《四庫提要》：「嘉靖七年，若水任南禮侍，進《聖學格物通》一百卷，體例仿《大學衍義》，以致知統於格物，而以格物統貫誠、正、修、齊、治、平六條。凡《誠意格》十七卷、《正心格》三卷、《修身格》九卷、《齊家格》十三卷、《治國格》十四卷、《平天下格》四十四卷，中又各分子目，皆雜引諸儒之言，參以明之祖訓，而各以己意發明之。濬書多徵舊事以爲法戒，此多引前言以爲講習。」三也。然後知彼之爲説，不過取破朱子「窮理」，申漢學之厲禁耳。車清臣曰：「格物」「格」字難以訓「至」，當依《玉篇》作比方思量之義。愚謂此亦未穩，尚不及康成「來」字之訓，然後益知「窮至事物之理」語確不可易也。

又曰：「孔子之道，皆於行事見之，非徒以文學爲教。故告曾子：『吾道一以貫之。』貫，行也，事也。猶言壹是皆以行事爲教。又告子貢與告曾子義同。聖道壹是貫行，非徒學而識之。若曰：賢者因聖人一呼之下，即一旦豁然貫通，此似禪家冬寒見桶底脱大悟之旨，而非聖賢行事之道也。故以『行事』訓『貫』，則聖賢之道歸於儒；以『通貫』訓『貫』，則聖賢之道近於禪。至其所行爲何道？則即《中庸》所謂忠恕、庸德、庸言，言行相顧之道也。」

按：此等議論，看去似亦近正，然最害事，最足惑亂學者耳目。緣其本謀在深疾程朱窮理致知、「大學補傳」，千端萬變，思欲破之，無以爲辭，則壹借墮禪爲號。殊不思孔子時未有禪學之害，後人因陸王之敝，往往豫代孔子防之，最爲可笑。凡六經言涉心、性、道、理，一概硬改其説。此是從來未有，獨黄震、顧亭林等始倡之。風氣既開，變本加厲，乃造爲一切邪説。凡孔子所教人以行之者，轉以知當之，如執禮、約禮，今祇以《三禮注疏》、名物制度當之是也；孔子所教人以知之者，轉皆以行言之，如格物、一貫諸説是也。不知吾道壹是貫行，偏於尊德行此鄧定宇、李二曲、顔習齋、李剛主一派。而遺道問學，失聖人以中道教天下後世之旨。又厲禁求心窮理，率天下而從於罔，尤爲禍道害教。夫子告哀公學、問、思、辨，知居其四，行居其一；教顔子先博文，後約禮；而耳順從心，又所自言。則謂言通貫則近於禪，毋乃非孔子之慮所及乎？且以曾子之篤行立事，而夫子方且又告之以道在行事，不殆於贅而失因人立教之妙乎？若恐子貢以空知爲學，他日與顔子較知二知十，又何以與之？夫子之門教人以行，自弟子入孝出弟已然，何待至是始獨以告曾子、子貢，而他門弟子皆若不得與聞焉者，此是何密旨？亦淺之乎其爲教矣。未嚮學人説聖賢事，如村氓牧豎談公卿家起居、節宣、服食，傳聞脱節，開口便錯，祇是好笑。戴氏言自漢以來不明故訓、聲音之原，以致古籍傳寫遞訛，混淆莫辨。漢學諸人皆祖是説，於是舍義理而專求之故訓、聲音，穿鑿附會，執一不通，若此類也。六經之言，一字數訓，在《爾雅》《説文》中不可枚舉，故曰「詩無達詁」。今據《爾雅》《廣雅》訓「貫」爲「習」、爲「行」、爲「事」，得矣。而「貫」實有「通貫」之義，《説文·毌部》曰「穿物而持之」，「貫」字下曰「錢幣之貫」。又《玉篇》：「毌，持穿也。」「貫，事也，條也，穿也，行也。」惡得主一廢一？如《春秋傳》「而矢貫予手及肘」及「貫革」、「貫魚」之類，不可以行、事訓明矣。欲破宋儒之説，並誣聖人之道，其言曰：就聖賢之言而訓之，或有誤焉，聖賢之道亦誤矣。吾請即以其語還質之云爾。要之，此之本意非解《論語》，乃是攻朱子「補傳」「一旦豁然貫通」語，故遠駕之《論語》以隱其跡，不可爲其所謾也。夫漢學家既深忌痛疾義理之學墮禪，申嚴厲禁，以行事易之，是自爲一大宗旨門户矣，而夷考其人居身制行，類皆未見德言之相顧也。是其視講經本與躬行判而爲二，固不必與其言相應，原無意於求真得是，但務立説，與宋儒争勝耳。竊嘗謂爲學而能墮於禪，此雖爲聖學之害，然大段已是上乘人物。若其餘，則皆溺於貨色、忿欲、私曲、邪佞者衆也。如曰不然，請各捫心自反何如。

一貫之義，兼知行而言，不單主一邊，非真用功造極人不能真知。即强説之，祇是知解，不是心得。此事原與禪學次第相似，蓋道術不同而功候無異也。非但禪也，即一切百工技藝文學之事，莫不皆有此候，如斲輪承蜩可見。但聖賢所授受，又廣大精微，非尋常所能喻耳。若以知解求之，莫如杜元凱「冰釋理順」四字及前人水漚之喻，而張薦明之論鼓音亦可相發。要其事，則必俟實力躬踐，久而功到始知之。蓋自以閲歷參差異同不齊之故，千山萬水，今始會通，覿面相呈，祇可自喻，難遽以語人。蓋此自是得之候，非學之候，兼知行而言之也。故曾子亦難以語門人，而特告之以要約，使自求而得之。嘗切譬之，忠恕是鹽，一貫是鹹味，及之而後知耳。了此則知其解非淺儒所及也。至焦氏循解作「吾道一以通之於人」，蓋又泥「忠恕」字面，望文生義，又隔一重。

李安溪評明人張昺時文云：從來講得貫之以一，未曾説得一以貫之。貫之以一，如孟子所謂「反説約」、朱子「一旦豁然貫通」，義非不是，但一以貫之是學問頭腦，非指其究竟處也。惟當先有此頭腦，故後來能説到約、貫通地位，謬中間謬在此二字。須歷多學而識、博文詳説功夫。蓋雖聖人，不能無所謂貫之也。余謂安溪此解，真亂道妄説！此分明仍是陸氏「先立乎其大」之旨，「大抵有基方築室，未聞無址忽成岑」之説，乃是倒學了。何以明之？蓋孔孟所謂多識博學詳説，皆在始居先。今主陸學，謂當以此功夫放在中間，真積力久，一旦貫通，乃是窮神知化究竟處。今乃謂非指究竟，此皆是暗破朱子《大學》。雖程子言格致，必立誠意以格之，此非《大學》所言誠意本旨。朱子言致知、誠意諸條，必先之以敬，乃是言初學做功夫，必以真實心地，而其道惟主一。程子解「敬」之義，「主一無適之謂敬」。不是先挈個「一」去做頭腦，聖人所謂「一貫」之「一」，曾子且説不出，卻如何學者先會挈得？真是亂説。吾嘗謂安溪學僞無真知，全是欺人，果不謬也。平生自謂宗朱，而無一不暗與朱子作異，其鬼蜮較陽明更姦，惜乎世未有識破者也。且如上程子、朱子所説兩義，孔門教人，但不明提出作宗旨，其實蓋無不以之者，何得獨呼二子始語之，又待其真積力久之後而始告之邪？子貢之多識，於一事一物之理，已各有以知其當然，而未能知萬理之爲一，廓然而無所不通也。若然，則於處事接物之間，有以知其所嘗學者，而其未嘗學者，則不能有以通之也。大抵子貢之學，已從多識而久積，而夫子此處示之者，洪鑪點雪，必非入門功夫可知。若如安溪先有頭腦，後來方能到説約、貫通地位，殆真如朱子所説亂錢未有一文，先與一條繩索者，佛學且不肯出此，況聖人之教乎？明道曰：「人之爲學，忌先立標準，若循循不已，自有所至矣。」此言真孔門家法，而明之儒者無不先立一宗旨者，可知其謬妄也。或問明道以「慎獨」二字立門庭，朱子答曰：「慎獨固操存之要，明道教人，本末具備，非獨此二字也。」陸清獻曰：「劉念臺以慎獨爲講學宗旨，豈知明道者哉？」又按：持「一貫」爲起頭功夫，本高景逸説，安溪竊之耳。朱子答顔子堅、包詳道、劉公度已痛闢此旨，高、李皆未知。一貫之旨，獨告二子，又必待其真積力久、疑悟將開之會，非以爲秘密也。政以他弟子尚未能實力用功、閲歷皆到，苟語之以未及，非徒無益於彼，且滋無限盲猜瞎説，虚憍恍惚，摘埴叩槃，傳訛襲謬，故不可也。禪家多有悟後悲涕自捫，至謂我不重先師道德，祇重先師當日不爲我説破，若早説破，豈有今日。然則陸氏、王氏雖主頓悟，而於佛學之規律尚未得知，徒引學者東奔西竄，如鄭孔張之立適無所，而爲客笑焉耳。吾今辨此，亟知忘分僭竊，不得已也。此譏一貫似禪學頓宗，一旦豁然大悟，似也。不知此一旦之前有多少功夫，非容易一蹴可幾，故曰「真積力久也」。若不用功，固斷無有此一旦。今舉世無一人能臻此境，而反疑曾子之臻此境者似禪。譬人有家居，寸步不曾出門，不辨東西南朔，不知長安在何處，却疑昔人之親至長安而言長安者，恐其誤似親至洛陽而言洛陽者，因羣聚訌爭，究之長安、洛陽兩處，彼皆懵然，何以異於是。又昔人亦有譏「補傳」者，謂此一旦究在何日，以朱子此語爲鶻突無下落。不知此一旦本不輕易得到，自曾子、子貢以後二千餘年，祇程、朱等數人有此「一旦豁然貫通」之候耳。此境引而不發，固不靳人之到，亦不能必人人皆到。然苟用功，則隨其精粗大小，亦無不有此一旦，不可謾也。今不悟己之凡鄙，又不曾用功，而亦將幾倖有此一旦。及待之無期，則疑朱子爲謾，是亦終於無知而已，徒爲戲論譁語，不足與辨矣。

又《論語》、《孟子》仁説曰：「孔門所謂仁也者，以此一人與彼一人相人偶而盡其敬禮忠恕之謂也。凡仁，必於身所行者驗之而始見，亦必有二人而仁乃見。若一人閉户齋居，瞑目静坐，雖有德理在心，終不得指爲聖門所謂之仁矣。」

又曰：「總之，聖人之仁，必偶於人而始可見。故孔子之仁，必待老少始見安懷。須知孔子安懷之志平生未遂，將終不得爲仁乎？且安懷爲志，豈非在心？如心無所著便可言仁，是老僧面壁，但有一

片慈悲心，便可畢仁之事，有是道乎？」誠有是道，但淺人不知耳。又曰：「自博愛謂仁立説以來，歧中歧矣。」〔一〕

按：《禮記·中庸》篇「仁者，人也」，鄭氏注：「讀如相人偶之人」。又《儀禮·公食大夫禮》「賓入，三揖」，鄭氏注云：「每曲揖，及當碑揖，相人偶。」考此語不詳所出，賈公彦亦不能疏，《朱子語録》及王厚齋《困學紀聞》及近世諸家所説皆未分曉。阮氏從《説文》「人二」之義徐鼎臣説：「仁者兼愛，故從二人。」及《曾子制言》「人非人不濟」語，以爲獨則無偶，偶則相親，人偶猶言人我相親愛之辭云云。愚謂以人偶論仁之用則可，以人偶論仁之體則不可。《春秋元命苞》：「仁者，情志好生愛人。」韓子言「博愛謂仁」，周子言「愛曰仁」，程子言「愛非仁」。韓子、周子言其用，程子言其全體。要之，聖門論仁，此兩義必兼備，倚於一偏則不盡。故朱子謂程門弟子不善問，拘守愛非仁之説，當時若有人善問，必道言愛是仁之情，仁是愛之性，曷嘗判然離愛以言仁哉？愚謂程子曰「言仁離不得愛，而便以愛爲仁則不可，仁者必愛，指愛爲仁則不可」，此語甚明。朱子曰：「仁者，心之德，愛之理。」此六字發明程子意最詳盡。蓋程子所謂「愛非仁」，以仁之發而名仁者也，即朱子所謂「愛之理」也。今專以兼愛及人偶身所行者論仁，不屬心德，不過泛應世故，將流於告子之知覺運動、墨子之兼愛，而非聖人全量之仁

〔一〕阮元有《論語論仁論》、《孟子論仁論》，方氏此上所引皆出自《論語論仁論》。

也。且既以人我相親愛解人偶，指人偶爲仁，又譏韓子「博愛」之語爲歧中歧，何也？按經文「仁者，人也」，猶言人之所以爲人也，與《孟子》「仁，人心也」語勢正同。孟子加一「心」字，則所以釋夫此句者既明矣，即朱子所謂「天地以生物爲心」。而人物之生，又各得夫天地之心以爲心者也。故語心之德，雖總攝貫通，無所不備，然一言以蔽之，則曰仁而已矣。《中庸》此句蓋亦曰仁者，人之所以爲人也。有是仁則爲人，失是仁則不可爲人，故朱子以爲指人身而言。然仁之爲道，衆善之本，百行之原，莫不在是。而其爲人之用莫大於親親，與下文義者，萬事之宜，而其爲宜之大莫大於尊賢，語本相對。故殺無道、誅不肖皆義之用，而不可以屬尊賢。亦猶孔子論仁，有曰静、曰壽、曰樂山、曰能守，而不可牽屬親親，言各有當而已。《中庸》語意本甚明白，鄭氏注「相人偶」是解下「人」字，非解上「仁」字。若曰此泛言仁者，人之所以爲人，猶今世俗所稱相人偶云爾。鄭意爲親親作引，故曰「以人意相存問之言」，語本無病。漢學者獲此三字異聞，喜心翻倒，不暇詳思，遽以「相人偶」講仁，是隔一層；又牽引雜説以解「相人偶」者，屬之講仁，又隔一層；又以此處親親目爲聖人一切論仁之全體，凡引數十百處，皆强以「人偶」解之，又隔一層。凡去仁三層而强以爲此即仁之的解，而咎程朱以仁屬心德爲謬，語不知偏正，理不知倒邪，而魯莽箸書，真所謂詅癡符也。告子以義爲外，此更以仁爲外，不益爲異端邪説乎？夫子稱「回也，其心三月不違仁」，豈顔子三月之後忽不與人偶邪？又如由、求、赤、令尹子文、陳文子皆終其身絶不愛人，絶不與人偶邪？而凡天下羣分類聚、鄉黨比鄰相人偶皆得稱爲仁人，而聖人又何難之，既不以自居，又不輕以許人邪？夷叔西山，其意不求人偶，而求仁得仁，又何解也？仁祇是人偶相親愛意，則孔子曰「泛愛衆而親仁」，不幾語複而不辭乎？他如「終食不違」、「静」、「壽」、「樂山」、「能守」、「志仁」、「當仁」，皆無「人偶」之意，而「巧言令色」鮮矣與人爲偶、鮮矣愛人，益不可通矣。又如「殺身成仁」，豈必二人同殺，而後成其與人偶乎？既殺身，而後成其爲愛人乎？孔門之學先求仁，若求得二人便可爲仁，何難乎？古人言各有當，漢學家每執一以解之，其意主於破宋儒之説，其辭務博辨廣徵，案往舊造説，欲以讋人而奪之，而遂不顧畔道離經矣。此等義理，睿思精辨尚恐有差，何況蔓引泛稱，以駁雜淺妄之言，欲以易夫大儒之説哉？其言曰：「孔子爲百世師，孔子之言著於《論語》爲多。《論語》言五常之性詳矣，惟論仁爲尤詳。若於聖門最詳切之事，論之尚不得其傳而失其旨，又何暇別取《論語》所無之字標而論之邪？」今吾亦曰：聖人爲百世師，其言皆切於學者，而惟論仁爲尤切。若於此一字失其旨，則大本全差，又何暇論其他。願與天下後世學者平心審之，孰是孰非，必有能辨之者也。

又曰：「顔子克己，『己』字即是『自己』之『己』，與下文『爲仁由己』相同。若以『克己』『己』字解爲『私欲』，則下文『爲仁由己』之『己』斷不能再解爲『私』，與上文辭氣不相屬矣。」

按：此全祖述毛奇齡《四書改錯》。阮氏平日教學者，必先看《西河文集》，故其所撰支離詩誕，亦皆與之相類。毛曰：「馬融以約身爲克己，從來如此説。惟劉炫曰『克者，勝也。』此本揚子雲『勝己之私之謂克』語。然『己』不是『私』，必從『己』下添『之私』二字，原是不安。至程氏直以『己』爲『私』，稱曰『己私』。致《集注》謂『身之私欲』，别以『己』上添『身』字，而專以『己』字屬『私欲』。於是宋後字書皆注『己』作『私』，引《論語》『克己復禮』爲證，則誣甚矣。毋論字義無此，即以本文言，現有『爲仁由己』，『己』字在下，而一作『身』解，一作『私』解，其可通乎？」按：子雲在馬氏前，同爲漢人，馬説可從，揚説何不可從？若謂一字不應二訓，則「克伐怨欲」與此處所言「克」字，何以一欲其不行，一欲其從事？《詩・相鼠》「人而無止」，與《陟岵》「猶來無止」異。〔一〕「折柳瞿瞿」，《毛傳》：「無守之貌。」《蟋蟀》傳曰：「顧禮義也。」東坡云：「孔子言聞，則爲小人；詩人言聞，則爲君子。吴師道曰：「多摭彼書之見聞，不顧本字之當否。」宿松朱書云：「『毋意，毋必』，與『誠意』『意』字不同；『動心忍性』、『性也有命』，與『恒性』『性』字不同。」見《與李顒辨陽明「有善有惡意之動」書》。可見古人言各有當，隨舉自明，何不可通？經典恒言如此者甚衆，顧野王固言：「或字各而詁同，或文均而釋異。」必執一以通之，則不通矣。若此處「己」字不指「私欲」，則下文四目何爲皆舉非

〔一〕「陟岵」「岵」字原誤作「屺」，「猶來無止」「猶」字原誤作「由」，今據《詩經・魏風・陟岵》改正。

禮言之?「己」不是「私」,不應從「己」下添「之私」字,則「己」亦不是「欲」,《虞書》曷爲「從己」下添「之欲」字?不知「己」雖對人爲文,而古人言「舍己」、「虛己」,大舜「舍己從人」。「虛己」見《莊子》、《韓詩外傳》。苟非指己私意見言之,而將謂能舍、能虛其形骸乎?若謂程朱不應直以「己」字爲「私」,致宋後字書誤訓,則古人説文解字後起之義甚多,即亦何害?況此固聖人本意而西漢儒者之説哉!

「且『克己』不是勝己私也。『克己復禮』本是成語,《春秋》昭十二年,楚靈王聞《祈招》之詩,不能自克,以及於難。夫子聞之,嘆曰:『古也有志,克己復禮,仁也。』『楚靈王若能如是,豈其辱於乾谿?』夫子既引此語以論楚子,今又引以告顏子。按胡致堂論此,以爲左氏見《論語》有此文,撰爲此段之説。雖此間無解,而在《左傳》則明有『不能自克』作『克己』對解。克者,約也,抑也。己者,自也。何嘗有己身私欲重煩戰勝之説。」

姑不暇與絜論,試問所抑者何也?約者何也?夫子所嘆楚靈王不能抑者、約者又何也?非謂其不能勝區區之私,自奮以改絃易轍乎?且此處明有「非禮勿視」四句作解,反謂之無解,《左傳》「不能自克」政是不能自勝私溺確義,反謂作人、己對解,魯莽粗疏,語意晦昧已極。《吴志》張紘諫孫權曰「古有國有家者,其治多不馨香,非無賢佐闇於治體也,由不勝其情,弗能用耳。宜抑情損欲,以己割恩」云云。此可與夫子嘆楚靈王意相發。

「後漢元和五年，[一]平望侯劉毅上書云：『克己引愆，顯揚仄陋。』謂能抑己以用人，即《北史》稱馮元興『卑身約己，人無恨者』。唐韓愈《與馮宿書》：『故至此以來，克己自下。』直作卑身自下解。若陳仲弓誨盜曰：『觀君貌不似惡人，宜深尅己反善。』别以『克』字作『尅』字，正以掊尅損削，皆深自貶抑之義，故云。則是約己自尅，不必戰勝，况可詁『私』字也。」

按：此所引證「克」字爲貶抑，似也。要知後人引書，不暇深惟本義，姑取口耳相習語成辭，古今若此，不可枚舉。且貶抑豈非即强自勝私情之解乎？若祇作外貌卑身自下意，則是世間一脅肩足恭之鄉原皆得謂爲仁人，而王莽前半生仁不可勝用矣。存理遏欲，自堯舜以來，修己立教之先務大防，未有或破之者也。諸妄庸訌其邪説，析言破道，非止文義不通小失而已也。

又曰：「顔子請問其目，孔子答以四勿。勿即克之之謂也。視、聽、言、動專就己身而言，若克己而能非禮勿視、聽、言、動，斷無不愛人，斷無與人不相人偶者，人必與己並爲仁矣。俚言之曰：若曰我先自己好，自然要人好；我要人好，人自與我同作好人也。孔子恐學者爲仁，專待人而後並爲之，此又與《仁説》「人二」爲「仁」解自相矛盾。故收向内言。」

按：此説無論義理淺陋，亦不辭甚矣。漢學家摭鄭氏「相人偶」一語，既以之訓仁，又

[一] 元和當是元初之誤。

於此以訓克己爲仁，又誤認此「仁」字爲「愛人」之「仁」。一派妄説，粗謬已極。

凌廷堪曰：「『爲仁由己，而由人乎哉？』人、己對稱，正是鄭氏『相人偶』之説。」

按：此耳食勦襲，更不辭矣。借如所云人、己對稱，相人偶爲仁，則聖人此二句成何文理？舉聖人極明白之言而迂晦之，使不可通。漢學家箸書，睥睨程朱，其謬妄乃如此邪？

焦循曰：「劉光伯嗜欲與禮義交戰之言，意主楚靈王，因上文有『不能自克』語，望文生意耳，與《論語》何涉？邢叔明剽襲之以釋《論語》，遂開《集注》訓『己』爲『私欲』之論，與全部《論語》『人』、『己』對舉之文枘鑿不入矣。」〔一〕

按：此又分毛氏、阮氏之説爲二段，放過《左傳》，獨攻《集注》。夫解經當詳本篇上下文義，《左傳》則有上文「不能自克」作解，《論語》則有下文「非禮勿動」四語正解。政使劉光伯、邢叔明、程子、朱子皆望文生意，亦豈曰不確？且以存理遏欲爲説，亦何害於學者爲仁之旨乎？蓋嗜慾必得恣情便意，乃古今恒人通趣，幽潛性命不斷，所以自

〔一〕此段引文乃轉引自阮元《論語論仁論》中凌廷堪《與阮中丞論克己書》、臧庸《克己復禮解》二文並綰合而成，「焦循」當是「臧庸」之誤。

古聖人皆兢兢戒謹防之，乃是大段第一難事。始而致知、窮理以辨其塗，既而省察、克治以專其力。以理與欲不並立也，非至剛決者不能。夫子以顏子於理、欲大分，不待今始致知，故直告以下手力行功夫，所謂單刀直入。其後顏子即以之不遠復、不貳過，政其實力克之之勇，爲他賢所不及處。不遠復，明也；不貳過，勇也。合知、勇以爲仁，所以鄰於聖。流俗妄庸，何足以知之！程子言："「難勝莫如己私，能克之，豈非大勇乎。」若孔子第爲是卑身約己没氣力之説，亦誰不能承擔，必待顏子而後能事斯語乎？且一日卑身約己，天下歸仁，何以別色取行違者乎？此等説行，將聖賢切己爲學、喫緊爲人、垂教萬世之精義，變爲没氣力、模棱鶻突，徒便於鄉原庸俗僉壬所爲，害義傷教，莫此爲甚。馬季長語本無病，但語意渾涵，不如諸人妄説。《困學紀聞》曰："「『古也有志，克己復禮，仁也。』或謂『克己復禮』古人所傳，非出於仲尼。致堂曰："『夫子以克己復禮爲仁，非指克己復禮即仁也。』蓋左氏粗聞闕里緒言，每每引用，而輒有改易。胥臣曰："『出門如賓，承事如祭，仁之則也。』穆姜於《隨》舉《文言》，亦此類。」

漢學商兑卷中之下

錢氏大昕曰：「研精漢儒傳注及《説文》諸書，由聲音、文字以求訓詁，由訓詁以求義理，實事求是，不主一家。」

按：此論甚正，但宗旨所偏重，則流爲詖邪害事，如以後諸説是也。其故在深嫉義理而僞云求之，實非聖人之真也。

又曰：「訓詁者，義理之所從出。非別有義理出乎訓詁之外也。」又曰：「訓詁之外別有義理，非吾儒之學也。」戴氏曰：「後世儒者廢訓詁而談義理，則試詰以求義理於古經外乎？若猶在古經中也，則鑿空者得乎？經之至者，道也；所以明道者，詞也；所以成詞者，未有能外於小學文字者也。」

按：此是漢學一大宗旨，牢不可破之論矣。夫謂義理即存乎訓詁，是也。然訓詁多有不得真者，非義理何以審之？竊謂古今相傳里巷話言、官牘文書，亦孰不由訓詁而能通其義者？豈況説經不可廢也，此不待張皇。若夫古今先師相傳，音有楚夏，文有脱誤，出有先後，傳本各有專祖。不明乎此，而强執異本、異文以訓詁齊之，其可乎？又古人一字異訓，言各有當，漢學家説經，不顧當處上下文義，第執一以通之，乖違悖戾，而曰義理本於訓詁，其可信乎？言不問是非，人惟論時代，以爲去聖未遠，自有所受，不知漢儒所説，違誤害理者甚衆。如康成解《詩·草蟲》「覯止」爲「交媾」，此可謂求義理於古經中乎？《史記》引《書》「在治忽」爲「來始滑」，伏生今文作「采政忽」，此明爲音字相亂，今人猶曲爲解之，此可謂明道者詞乎？《堯典》「稽古」，鄭氏訓爲「同天」，解者以《説文》「稽」從禾，古兮切「禾，木曲頭，止不能上」，極於天而止，是上同之義。此等訓詁，可謂成詞者未有能外於小學文字乎？漢學諸人釋經解字謂本之古義者，大率祖述漢儒之誤，傅會左驗，堅執穿鑿，以爲確不可易。如以「箕子」爲「荄滋」，「枯楊」爲「姑楊」，「蕃庶」爲「蕃遮」，數百千條，迂晦難通。何義門云：但通其訓詁而不辨義理，漢儒之説《詩》皆高子也。信乎朱子有言，解經一在以其左證之異同而證之，一在以其義理之是非而衷之，二者相須不可缺，庶幾得之。今漢學者全舍義理而求之左驗，以專門訓詁爲盡得聖道之傳，所以蔽也。閻若璩謂治經不必拘理。見自駁舊用劉原父「十月之交辛卯朔日食」説。此專爲天文曆算言之則可，非一切經文可不拘理而專求之訓詁也。周伯琦作《六書正譌》，主張小學，以帝治王猷悉歸之六書，以張其門户，最爲可笑，與戴氏此説以訓詁該義理同一似是而非謬論。夫《易》結繩以書契，原以爲治百官，察萬民，然豈謂專究偏旁訓詁遂足爲理乎？譬之國家設官分職以爲治也，然不求得才良以居位治事，但執一卷通籍姓氏稽考爵秩，以爲此足爲治，有是理乎？又古者字少，多假借，古音四聲轉用。又先師傳本各有不同，又加以蘭臺改字。

又《説文》所訓本有乖失，文字實有脱缺。漢學者推崇叔重，局囿錮蔽，或以《説文》所無，即指爲非字。凡此諸失，皆講訓詁小學者所據依，浮淺輕信，惟異是聞，務生新解，强牽舊記，專與宋儒爲難，悉歸之小學訓詁者也。

戴氏又曰：「自昔儒者，其結髮從事，必先小學。小學者，六書之文是也。《周官》保氏掌之以教國子，司徒掌之以教萬民，而《大行人》所稱諭書名、聽聲音，又屬瞽史，分職專司。故其時儒者治經有法，不歧以異端。」

按：此是門面語，以嚇俗人耳。考實案形，全屬影響。夫保氏、司徒之教，六書僅屬一端；行人、瞽史之司，乃是同文之治。《大行人》「諭書名」，鄭君注：「名謂文字。」其注《論語》「孔子曰：必也正名乎」，亦謂「正書字」，則非也。《經典釋文》引《論語》「夫子有言：必也正名乎」，亦如康成解。竊謂《論語》「正名」自作「名分」解，不謂「正書字」也。不可以《隋志》「小學類」有《正名》曲説，附訂於此。既非教法之全在是，又不爲儒者治經之用。且不知是時有何經可治，名何等爲儒者？將謂若後世之經生乎？陋妄無稽，最爲可笑。按：周初無經之名。太宰九兩，儒以道得民。康成以爲諸侯保氏有六藝以教民者，六藝，禮、樂、射、御、書、數也。是當時既無經可治，而儒者又非治經之職也。至於孔氏之門教弟子孝弟、謹信、愛衆、親仁，餘力則以學文，今概删去，僅以六藝中六書一端提唱宗旨，張皇門户，偏隘極矣！戴氏號漢學魁傑，諸人推之，以爲集大成者。而其論乃失實牴牾如此，則其餘可知矣。

錢氏曰：「昔唐虞典謨，首稱稽古，姬公爾雅，訓詁具備。孔子大聖，自謂好古，而深惡夫不知而作者，由是删定六經，歸於雅言，文也，而道存焉。漢儒説經，遵守家法，訓詁經傳，不失先民之旨。」

按：此皆門面影響之談。漢儒偁《尚書》古文讀應爾雅故。故，即訓詁也；雅，正也；爾，近也。言此詁近正也。古文近正，所以可貴。若孔子訂六經，則理道治亂之大，非徒訓詁文字已也。今漢學家牽就援引以張其門户，謂訓詁之學直接唐、虞、周、孔正傳，欲以黜程朱而代其統，以義理爲下，訓詁爲上，失其本而成爲異端邪説矣。且如所欲申之義，謂考小學之帝堯，好小學之孔子，不辭甚矣。所謂言乖典籍、詞理失所者也。《説文》：「詁，訓故言也。从言，古聲。《詩》曰古訓。公户切。」惠氏曰：「章懷引《説文》曰：『詁，訓古言也，音古度反。』是讀與故同。」按《説文·支部》故，「故，使爲之也」。周伯琦曰：「故，故舊也。人死曰故。从久，古聲。古義通用。久借作果五切，訓古今語也。俗作故，从攴。非。」《古部》：「古，故也。从十口，識前言者也。」徐鉉曰：「十口所傳，是前言也。」然康成既訓古爲天，可知古字之義，古人亦無達詁，不得概執古今字，以《尚書》「稽古」、孔子「好古」爲小學訓詁矣。「稽古」之訓，鄭氏以爲「同天」，義既傷迫。賈、馬、王肅以爲「順考古道」，高貴鄉公駁之，以爲「順考古道非其至也」，甚允。是皆不如以爲史臣之詞爲足了學者。附訂之於此。

「自晉代尚清談，宋賢喜頓悟，此是金溪一派，豈可概斥宋賢？笑問學爲支離，棄注疏爲糟粕。「支離不解鄭康成」乃陽明語，非宋人。若朱子固極推康成，力尊注疏。詳見末卷。今此牽混影射以誣之，所謂無實不詳。一在不考實仔細，輕易立言；一在欺世人皆無聞。談經之家師心自用，乃以俚俗之言詮説經典。如歐陽永叔解『吉士誘之』爲挑誘，後儒遂有詆《召南》爲淫奔而欲删之者。」

按：此《詩序》以爲惡無禮，《集傳》改爲女子以禮自守，原是一義。呂東萊曰「貞女惡無禮而拒之」，則所以釋夫《序》者已明矣。惟解「誘」字，从毛、鄭以「誘」爲「道」，爲欲吉士使媒人道成之，意少迂曲。此詩下有感帨、吠尨，則以爲貞女之拒挑誘，政爲化行俗美之效，於義亦何害？惠氏曰：陳長發曰：「毛、鄭皆以誘爲道，《儀禮》有誘射之文，謂以禮道之。古字意本如此也。歐陽永叔解爲挑誘，東萊駁之。嚴緝反從歐，何其謬哉！」按：《儀禮·鄉射禮》「誘射」，鄭曰：「教也。」今云「有女懷春，吉士教之」，可通乎？如惠、陳解道以媒禮，可也；感帨、吠尨，果何云乎？吾謂漢學家祇是不顧上下文理也。至於以爲淫詩而欲删之，此自王柏之妄。王柏所删非止此一篇，豈得全歸獄歐公？王柏定二《南》各十有一篇，兩兩相配，退《何彼襛矣》、《甘棠》歸之《王風》，削去《野有死麕》，黜鄭、衛淫奔之詩，删《國風》三十三篇；謂《大學》「格致」傳未亡，還「知止」章於「聽訟」上；謂《中庸》古有二篇，「誠明」可爲綱，不可爲目，定「中庸」、「誠明」各十有一章。《宋史》本傳稱其卓識獨見。按王柏受學於何基，基受學於黄勉齋，去朱子僅三傳，而妄誕紕悖至此。史臣稱其有識，可謂盲論矣。王厚齋云：「陳少南不取《魯頌》，然『思無邪』一語亦在所去乎？」樹謂退之有言，「曾經聖人手，議論安敢到」，王、陳誠妄人也。若以挑誘非可云「吉士」，則不知古人語緩，如文姜曰「豈弟」，宣姜曰「邦媛」，則「吉士」之稱，亦若梁上君子之辭云爾。《説文·言部》「誂」字下許氏曰：「相呼誘也。」惠棟曰：「《戰國策》曰：『楚人有兩妻者，人誂其長者。』《春秋後語》作『挑』，非。」按：晉孔衍《春秋後國語》十卷，陶宗儀《説郛》中刻之，止兩葉八條，未載此事。又《唐志》盧藏用《春秋後語》十卷，《四庫目》皆無之，不知惠氏所見何本。愚按：《漢書・司馬遷傳》「横挑强胡」，李奇曰：「挑音誂。」是從言、從手偏旁雖異，而「挑誘」之爲義，周、秦、漢人實已有此訓。且《氓》「送子涉淇」，《鄭箋》云：「民誘己，己乃送之淇上。」此是面誘，無媒禮，故下云「子無良媒」。錢氏胡不規鄭氏，而獨詆歐公乎？如歐此説以爲俚俗，而鄭解《草蟲》「亦既覯止」爲男女媾精之媾，則反以爲當從。惠棟、陳啓源分别詁訓，力主以爲確義。天下豈有作詩自言如此，況其爲女子之言、大夫之妻乎？門户之私，罔氣誖惑如此。按康成注《易》「匪寇婚媾」曰：「媾，猶會也。」

又曰：「《烝民》之詩，孔子嘆爲知道，而其述仲山甫之德，本於『古訓是式』。古訓者，訓詁也。訓詁之不忘，乃能全乎民秉之彝。」

按：孟子引孔子之言，明指「有物有則」四句，今乃移指「古訓是式」句以牽合之，舞文脱節，不顧本文上下如此。且是詩所稱「古訓」政謂義理耳，如典謨大訓、丹書敬勝、先民傳恭之類，豈謂如經生所以訓詁傳注者哉？是時六經未有籀史同朝，秦漢小學未有萌芽，不知仲山甫所講爲何等訓詁也。即使信爾，亦不過一保氏、外史、象胥之職，何足爲中興名臣引重而以補衮屬之哉？今文家爲一名卿作碑狀，於其德業大猷，悉舉而歸之能通訓詁、小學，且人咸知其義狹而非禮，況三代雅材賢哲之徒立言垂訓者乎？仲山甫之式古訓，即康叔之衣德言。式，則也，法也，屬行邊説，豈如錢氏云爾哉！錢氏於時，號稱通儒，而罔氣如此，固知漢學皆亂道，由其祇顧力標宗旨，不顧是非，蔑義理而不求於心也。

惠氏曰：「《爾雅·釋訓》《釋詁》，周公所作，故《詩》稱『古訓是式』。辨見上。漢世謂之訓詁，訓詁者，雅言也。周之古訓，山甫式之；不辭之甚。若以詁訓爲小學，則童子固皆習之，豈獨山甫？若依余言屬行邊説，作傳恭敬勝法則德言解，則山甫之式古訓，於小學全没交涉。子之雅言，門人記之。劉氏台拱之説本此。劉箸《論語駢枝》，謂「執禮爲詔相禮事，孔子平日魯語，惟誦《詩》、讀《書》、詔相禮三者，必正言其音。所以重先王之訓典，謹末學之流失」云。阮氏主之，遂以《詩》之雅發策，欲援孔子以尊其訓詁小學，而不覺其陋也。則試詰以夫子平日讀《易》、與門弟子語及見當時諸侯大夫，音皆不正乎？愚初疑人心錮蔽何以至此，後讀《南史》，乃悟此必因史稱崔靈恩、程祥、蔣顯皆北來人，音辭鄙拙。又曰音革楚夏，學徒不至，而盧廣、沈峻等皆言論清雅。遂疑孔子山東人，亦必音辭鄙拙，故造爲是説，以附合其小學訓詁宗旨云爾。殊不悟古帝王聖賢皆在中土，是時南音不通中夏，謂之「鴂舌」。且魯周公之國，不應便倍大行人聲音之聽。孔子大聖，聲律、身度、辭氣有恒，不應如後世鄙人忽學打官話者。且古今音異，未必如今，劉氏何緣知魯語必不正乎？又《記》曰：「秋學禮，執禮者詔之。」石林解執禮猶執射、執御，蓋古者謂執禮書以治人者，皆謂之執，非如劉氏以鳴贊宣唱音聲爲説也。《潛邱劄記》論「臨文不諱」引盧植注：「文，謂禮文也。禮執文行事，故言文也。」鄭曰：「爲其失事正也。」劉氏殆因此傳會爲此説，不知彼論諱，非正音也。爾雅以觀於古，故又謂之《爾雅》。俗儒不信《爾雅》，而仲山甫之古訓、夫子之雅言皆不存矣。」

按：惠氏此論亦斥朱子。蓋朱子謂《爾雅》是取傳注以作，後人却以《爾雅》證傳注。

先儒謂《爾雅》「如切如磋」之文取《大學》，非《大學》取《爾雅》。如《山海經》、《淮南子》多是釋《楚辭》，今注者以爲《楚詞》本此二書者，皆陋也。如朱子言，是主張《爾雅》者皆倒也。要知山甫在前，《爾雅》在後。陳直齋曰：「郭璞亦稱興於中古，隆於漢代。至陸氏《釋文》始謂《釋詁》爲周公所作，其説蓋本於魏張揖所上《廣雅表》：『今俗所傳三篇，或言仲尼所增，或言子夏所益，或言叔孫通所補、梁文所考，皆講家所説，先師口傳，疑莫能明也。』」《周禮・大宗伯》疏引鄭氏云：「《爾雅》者，孔子門人作，以釋六藝之文。」陸氏《釋文》曰：「《爾雅》之作，本釋五經。」又曰「《爾雅》者，所以訓釋五經。《釋詁》一篇，蓋周公作。《釋言》以下，或言仲尼所增」云云。邵氏晉涵謂陸德明誤會張揖之意。愚謂《爾雅》訓詁釋《詩》、《書》爲多，周公之世，不應自作而自釋之，又不應豫釋後來所有《詩》、《書》也。即如陸氏謂爲周公所作，亦止《釋詁》一篇。而此一篇固在世間，何謂不信《爾雅》，使仲山甫之古訓、夫子之雅言不存乎？如以仲山甫之古訓即是《釋詁》，則所以稱山甫者亦狹矣。僅誦《釋詁》一篇即可爲補衮名臣，何其立論淺陋至此！且朱子云云，亦非不信《爾雅》。況前乎朱子，後乎朱子，並未嘗廢《爾雅》，何謂仲山甫之古訓不存乎？至孔子之《詩》傳於子夏，《書》僅傳有《序》而僞不可信，孔壁古文雖亡，然當時實不聞有夫子別爲《詩》、《書》音訓者。至於劉氏所解「執禮」爲詔相禮，欲解雅言爲音訓，而執字實不便於説，故杜撰擯相云云。則夫子止有夾谷一會却萊兵事甚陋，非夫子之美，前人駁之甚允，附訂如此。及《論語》君召使擯兩事。師師相承，不聞聖人有自訂儀注、音聲之書，則所謂夫子之雅言，果何指乎？若謂即在《爾雅》《釋詁》、《釋言》、《釋訓》之中，則自漢以來至今，《爾雅》列在學官，人人誦習，何謂俗儒不信《爾雅》，致夫子之雅言不存乎？主張《詩》之古訓、《論語》雅言爲訓詁已爲鄙陋，又誣謂不存，益無事實。漢學家立論矯誣，大率如此，新學小生，無識傅會，堅執併爲一談，牢不可破，弗思耳矣。惠氏爲漢學之祖，影響浮游若此，固知漢學不足信也。

戴氏曰：「今人讀書，尚未識字，輒薄訓詁之學。夫文字之未能通，妄謂通其語言；語言之未能通，妄謂通其心志。此惑之大者也。」「論者又謂有漢儒之經學，有宋儒之經學，一主訓詁，一主義理。夫使義理可以舍經而求，將人人鑿空得之，奚取於經乎？惟空任胸臆之無當於義理，然後求之古經，而古今縣隔，遺文垂絕，然後求之訓詁。訓詁明則古經明，古經明而我心同然之義理乃因之以明。即如所論，是訓詁爲筌蹄明矣，而何以厲禁義理，皆不求之乎？古聖賢之義理非他，存乎典章制度者是也。從此路歧去，認奴爲郎矣。所以謂之漢學，蓋其門面宗旨如此，故爲異端。昧者乃歧訓詁、義理而二之，是訓詁非以明義理，而訓詁何爲？義理不存乎典章制度，勢必流入於異端曲說而不自知矣。」

按：戴氏此論最近信，主張最有力，所以標宗旨，峻門户，固壁壘，示信學者，謂據其勝理而不可奪矣。若以實求之，皆謬說也。古今學問大抵二端，一小學，一大學。訓詁、名物、制度祇是小學内事，《大學》直從明、新說起，《中庸》從性、道說起。此程子之教所主，爲其已成就向上，非初學之比。如顏子問仁、問爲邦，此時自不待與之言小學事矣。子夏固謂草木有區別，是也；漢學家昧於小學、大學之分，混小學於大學，以爲不當歧而二之，非也。故白首著書，畢生盡力，止以名物、訓詁、典章、制度小學之事成名立身，用以當大人之學之究竟，絶不復求明、新、至善之止，痛斥義理、性道之教，不知本末也。明道「玩物喪志」之戒，久爲世口實，不知此止慮其志趣局止於是，即致遠恐泥、君子不多之旨。古人言各有當，教亦多術，同歸於是而已。故當日特又記「讀史逐字看過」一條，以接引來學，可知非舍學問空談義理也。若謂舍經空談義理，不事訓詁以求經，則古今無有是事，豈況程子？漢學者不窮理析義，援引脱節，以濟其私，既誣前賢，又自迷誤，致從事差謬，又因以迷誤來學。一言三失，所以爲罪也。以上辨主張訓詁，誤以小學當大學。

若謂義理即在古經訓詁，不當歧而爲二，本訓詁以求古經，古經明而我心同然之義理以明，此確論也。然訓詁不得義理之真，致誤解古經，實多有之。若不以義理爲之主，則彼所謂訓詁者，安可恃以無差謬也。諸儒釋經解字，紛紜百端，吾無論其他，即以鄭氏、許氏言之，其乖違失真者已多矣，而況其下焉者乎？總而言之，主義理者，斷無有舍經廢訓詁之事；主訓詁者，實不能皆當於義理。何以明之？蓋義理有時實有在語言文字之外者，故孟子曰「以意逆志，不以文害辭，辭害意也」。漢學家專泥訓詁，如高子説《詩》，所以多不可通。如惠氏《古義》、臧氏《雜記》及近時諸家新説。故宋儒義理原未歧訓詁爲二而廢之，有時廢之者，乃政是求義理之真而去其謬妄穿鑿、迂曲不可信者耳。若其不可易者，古今師師相傳，碩學之徒，莫之或徙，宋儒何以能廢之也？如朱子《詩集傳》，訓詁多用毛、鄭。漢學之人主張門户，專執《説文》、《廣雅》小學字書，穿鑿堅僻，不顧文義之安，正坐斥義理之學不窮理故也。故義理原出訓詁之外，而必非漢學家所守之訓詁能盡得義理之真也。如曰不然，試平心而論，漢儒、宋儒説經，誰得古聖人語言心志多乎？《中庸》説性命道教，豈假小學訓詁邪？王厚齋言：「孔子於《烝民》加四字而意自明；於《緡蠻》曰：『於止，知其所止，可以人而不如鳥乎？』此説《詩》之法。韓子引《詩》，老成人重於典刑，簡而當矣。」愚謂子夏、子貢皆得之於言外，孟子以意逆志，程子祇反覆吟咏上下，豈似今人穿鑿小學字詁邪？以上辨義理本於訓詁之不盡然。

若夫舍經廢訓詁，亦誠有之，但須區别。如陸子以六經爲注脚，有似舍經者，朱子已深斥之。詳見後卷。若程子擺落傳注，所見實勝前儒，則其廢之者，固甚當也。至於朱子極尊訓詁，詳見後卷。而亦有時廢之者，廢其失真不得聖意而致貽誤來學者也。今深疾義理，欲伸漢學，恐不能勝，乃以疑似之迹，概誣宋儒爲舍經廢訓詁，空任胸臆言理云云。此欲欺天下，使耳食無聞者謂爲信然，同以莫須有之罪歸焉，欲以一手掩天下目也。以上辨程朱非舍經廢訓詁。

夫謂讀書尚未識字輒薄訓詁，此自俗士妄人，其於學術大局焉能爲有亡輕重，固不足論。若古今異文，《説文》所引壁經古文多不與馬、鄭相應，無論後世。古今既遠，傳寫脱誤，或由先師衆説不一，如荀悦《申鑒》、朱國楨《湧幢小品》云云，則亦不足爲病。《申鑒》云：「文有磨滅，音有楚夏，出有先後。或學者先意有所措定，後世相倣，彌以滋僞。」《湧幢小品》云：「古人古事古字，散見雜出，各不相同。見其一，不見其二，鬨然糾駁，未免爲古人所笑。」但論其大體無失可也，如范升所云「以年數小差，掇爲巨謬；遺脱纖微，指爲大尤」則過矣。有一漢學之徒，痛詆歐《五代史·明宗紀》云「在位十年，於五代之君最爲長世」，以爲不應自相牴牾至此。余曰：「此『十』字當是『八』字，傳寫偶訛，五代惟唐末帝十一年，餘者多至六、七年而已。歐公此語誠小失，然不以辭害意可也。」若夫頗通於訓詁而實不識字，詳於制度而實昧於義理，如戴聖、馬融、揚雄，或不識節義字及進退守身義理，又何説也？《困學紀聞》引李衡《識字説》云：「孔光不識進退字，張禹不識剛正字，許敬宗不識忠孝字，柳宗元不識節義字。」又劉念臺《人譜類記》稱方遜志先生謂門人曰：「汝讀書幾年，尚不識个『是』乎？」蓋忠孝、信義、進退、取予、廉恥等字，不待讀《蒼》、《雅》、《説文》而世無不明者。古今學人，或不識得，豈爲不曉訓詁之故與？以上辨不識字之人有分别。

至謂古聖賢義理即存乎典章制度，則試詰以經典所載，曰欽、曰明、曰安、曰恭、曰讓、曰慎、曰誠、曰忠、曰恕、曰仁、曰孝、曰義、曰信、曰慈、曰儉、曰懲忿窒慾、曰遷善改過、曰賤利重義、曰殺身成仁；反而言之，曰驕泰、曰奢肆、曰苟安、曰自欺、曰讒諂、曰貪鄙。凡諸義理，皆關修齊治平之大，實不必存乎典章制度，豈皆爲異端邪説與？而如戴氏《七經小記·學禮篇》中所記冠弁諸制，將謂即以盡天下之義理與？震爲江永弟子，永之言曰：「經籍包羅三才，制度名物特其間一支一節耳。」斯爲儒者持平之論，而震顧張皇若此，不亦謬乎！以上辨義理不必存乎典章制度。

阮氏曰：「聖人之道，譬若宮牆，文字訓詁，其門徑也。門逕苟誤，跬步皆歧，安能升堂入室乎？學人求道太高，卑視章句，譬猶天際之翔，出於豐屋之上，高則高矣，户奥之間未嘗窺也。或者但求名物，不論聖道，又若終年寢饋於門廡之間，無復知有堂室矣。是故正衣尊視，惡難從易，但立宗旨，即居大名，此一蔽也。精校博考，經義確然，雖不踰閑，便於出入，此又一蔽也。」

按：此論乍觀之亦甚信，正欲以調停漢、宋，爲兩邊救敝之辭，而其意指則甚淺，且亦仍偏重。夫文字訓詁祇是小學事，入聖之階，端由知行，古今學術歧異，如楊墨佛老，皆非由文字訓詁而致誤也。而如漢儒許、鄭諸君及近人之講文字訓詁者，可謂門徑不誤矣，而升堂入室者誰乎？至卑視章句，其失不過空疏，與求名物而不論道粗淺者亦不同倫。凡此皆所謂似是而非，最易惑亂粗學而識未真者，不可以不辨。

戴氏曰：「自漢以來，不明故訓、音聲之原，以致古籍傳寫遞訛，混淆莫辨。」

按：此説頗誠有之，而亦不盡然。蓋聲本於形，故訓本於音聲。音聲、故訓，其原合一。自篆文改隸，字失其形，因失其聲。失其形則傳寫遞訛，混淆莫辨，而音聲、故訓隨之以失。江有誥曰：「《説文》雖主訓形，然古人聲从形生，不遵《説文》點畫，無由知得聲之本。如柰从大聲，而隸从泰。萅从屯聲，而隸从春。卯音卿，而借爲寅卯之卯。草爲染皁字，而借爲艸木之艸。諸如此類，不可勝數。」

此顧、江、段、孔諸家所以必研求古韻，以復三代之音而正漢唐以來諸儒之失，欲使羣經音訓得真。又創爲同聲、同部之説，

江有誥曰「古人同聲之字必是同部，取三代有韻之文，證之《説文》諧聲，大抵吻合。自陸法言聲與韻分，於是一母聲也，而『母』字入『厚』，『悔』字入『賄』，『敏』字入『軫』，『海』字入『海』。一者聲也，而『者』字入『馬』，『瘏』字入『模』，『渚』字入『語』。一各聲也，而『各』字入『鐸』，『路』字入『暮』，『客』字入『陌』。諸如此類，不可勝舉，古韻晦冥，職由此故。此段氏《諧聲表》所爲能補顧、江二君之未逮也」云云。

又創爲《諧聲表》，又創爲《入聲表》，韻學之事，益精益密。

江氏曰：「段氏之十七部《諧聲表》，實從來講古韻者所未及。但某於其部分既有更改，平入分配間有異同，更爲《諧聲表》一卷。韻學家談及入聲尤難。有明章氏箸《韻學集成》，分配全誤。顧氏一正之，而得者半，失者半。江氏再正顧氏，而得者十之七，失者十之三。蓋不專以三代之經傳、許氏之諧聲爲據，而調停舊説，是以未能盡善。某更因立《入聲表》一卷。」又曰「國朝深明古韻者五人。戴氏未有專書，大旨見《聲類表》。顧氏之書，經江、戴二家訂正。江氏之書，又經段、孔訂正。但段、孔之書，尚有誤處，不得不爲糾出」云云。段氏曰：「余與顧氏、孔氏皆一於考古，江氏、戴氏則專以審音，而晉三於二者尤深造。據《詩經》以分二十一部，大抵述顧氏、江氏及余之説爲多。」又曰：「晉三專據《説文》之偏旁、諧聲及周秦人平入同用之章爲據，作《入聲表》一卷，尤爲精密。不惟陸氏分配之誤辨明，即江、戴異平同入之説，亦可不必，其真知確見有如此者。」又曰：「古韻分部，肇於鄭庠，分二百六部爲六類，其入聲三。顧氏更析爲十部，其入聲四。江氏析爲十三部，其入聲八。此余師東原戴氏所謂古音之學，漸以加詳者也。余讀《毛詩》，有見於支、脂、之之當分爲三，尤、侯，真、文之當分爲二，因定爲十七部，東原師善之。其作《入聲表》，取余説之分支、脂、之者，析脂、祭爲二，得十六部，其入聲九。曲阜孔氏作《詩聲類》，更析東、冬爲二，併真、文爲一；析屋、沃以分隸尤、侯，别出緝、合九韻爲一，得十八部。」

戴氏所謂自漢以來不明者也。愚按：

古人無韻書，陸法言始分爲二百六部，雖未若後人之審，而實爲前此所未有。自吴才老始求古韻，而未有所改配。鄭庠則分爲六部。由是陳、顧、江、戴、段、孔諸家遞有訂正，皆就陸氏之部而分焉。江氏有詁偁自周、沈四聲定而古音失，法言《切韻》作而古音之部分失。顧氏以來，始知離析《唐韻》以求合古韻。韻學至今日，幾於日麗中天云云。此説確矣。但古人無韻書，安得有部分？如謂後人之求聲分部較法言更精則可，不得謂法言失古人之部分也。觀顧、江、戴、段諸家之書，皆自立部，而强聲以就我，不無武斷。雖曰考之三代有韻之文多合，然已自不能畫一。且六書之義，諧聲祇屬一事。許氏五百四十部之文，〔二〕固不僅諧聲也。古人造字，必先有諧聲之文，而後有从聲之字。凡从某得聲者，从文生字也。故諧聲之説，祇可施於音學審韻分部，而不可概論文字，而況可概以説經乎！小學之事，其類有三：曰形，曰聲，曰義。訓詁經傳，則主於義理。雖義理、訓詁有時不出形聲之外，然經傳既集字成辭，則文繁字廣，亦義逐辭成，固不僅用諧聲之文、从聲之字足成辭也。故諧聲之説，祇可專據《詩》、《易》及有韻之文，而不可概論一切經文，而況概以求全經之大義乎！六籍故訓，自漢晉以來，已得八九。陸氏《釋文》，每經注家之後，又特載爲音諸家，是漢魏六朝以來，諸儒之於音義，亦大略得之。若夫宏綱鉅義，平心而論，宋儒所得實多。故

〔二〕「五」字原誤作「二」，今改正。

凡以音韻、小學糾説經之失，不過什一之於仟百，而不可概詆漢唐以來儒者，而況宋儒所發微文奥旨昭炳光明者乎！段氏於《説文》之學，可謂集大成矣，而其言曰：「經之所藴深也，韻其一端耳。」斯爲篤論矣。六經遭秦火之後，出有後先，音有楚夏，師承不同，文字互異，又加以蘭臺漆書之改，鄉壁虚造之謬，如許慎、荀悦所論云云，實不盡關訓詁、音聲不明之故。自叔重作《説文》，伯喈定石經，而文字形聲既已一正矣。江氏有誥論段氏《諧聲表》曰：「今人通音學已尠，再作《説文》字體，愈令人難讀，故不得不从隸。惟《諧聲表》既專就《説文》論文，則不得不遵《説文》點畫。」然則諸家之講形聲、音韻雖精，固不能出叔重之範圍，而叔重非漢人乎？何以謂之「自漢以來，不明故訓音聲之原」也？漢儒説經，往往膠執故訓而乖義理，不可勝舉，其失不止不明音聲。而漢學諸人輒矜其音學一得，欲張其門户，言之愈精，愈不可奪。世俗學者茫昧，尠明其説，則聽其高談，震讋而不敢出聲。若窮極本末，辨析由來，則知聲韻一事祇屬偏端單義，而非全經閎旨得失所繫盡在於此學也。但就音學而論，則近世諸家所得，實爲先儒所未逮。故今撮録諸家要論於左方，俾學者略明其端緒，因是而求五家之書之全，固談經者所不可闕之功也。

顧亭林《音學五書叙》：「《記》曰：『聲成文謂之音。』夫有文斯有音，比音而爲詩，詩成然後被之樂，此音出於天，而非人之所能爲也。三代之時，其文皆本於六書，其人皆出於族黨庠序，其性皆馴化於中和，而發之爲音，無不協於正。然而《周禮》大行人之職，『九歲屬瞽史，諭書名，聽聲音』，所以一道德而同風俗者，又不敢略也。是以《詩》三百五篇，上自《商頌》下逮陳靈，以十五國之遠，千數百年之久，而其音未嘗有異。帝舜之歌，皋陶之賡，箕子之陳，文王、周公之繫，無弗同者。故三百五篇，古人之音書也。魏晉以下，去古日遠，辭賦日繁，而後名之曰韻。至宋周彥倫、梁沈約而四聲之《譜》作，然自秦漢之文，其音已漸戾於古，至東京益甚，而休文作《譜》，乃不能上據《雅》、《南》，旁摭《騷》子，以成不刊之典，而僅按班、張以上諸人之賦，曹、劉以下諸人之詩所用之音，撰爲定本。於是今音行而古音亡，爲音學之一變。下及唐時，以詩賦取士，其書一以陸法言《切韻》爲準，雖有獨用、同用之注，而其分部未嘗改也。至宋景祐之際，微有更定。理宗末年，平水劉淵始併二百六韻爲一百七韻。元黄公紹作《韻會》因之，以迄於今。按：二百六韻，金韓道昭改爲一百六十，劉淵併爲一百七，「豏」、「檻」兩韻始併爲一也。元陰時夫又併「迥」於「拯」，爲一百六韻，則今通行之韻也。於是宋韻行而唐韻亡，爲音學之再變。世日遠而傳日訛，此道之亡，蓋二千有餘歲矣。炎武潛心有年，既得《廣韻》之書，乃始發寤於中而旁通其説，於是據唐人以正宋人之失，據古經以正沈氏、唐人之失。而三代以上之音部分秩如，至賾而不可亂。」乃綜古今音之變而究考辨正，爲《音學五書》。錢氏大昕叙段氏《六書音均表》曰「三代以前無聲韻之書，然三百篇具在，參以經、傳、子、《騷》，引而伸之，古音可分也。文字終古不改，音聲有時而變。五方言語且不相通，況數千年之久乎！而昧者乃執隋唐之韻以讀古經，有所不合，謂之叶韻，謬矣。按：此譏朱子用吴棫《韻補》之謬也。蓋自沈約以來，古韻寖失。吴棫作《韻補》，始求古韻。朱子釋《詩》注《騷》，盡从其説。吴氏古韻有二例：曰通，曰叶。通者如東、冬、江相通，支、微、齊、皆、灰相通之類是也。叶則音韻俱非，而切響以通之，不知古今音異，經、子所用皆本音，無所謂叶也。顧氏所以作《音論》，列古今音之變而究其所以不同，考正三代以上之音，注《易本音》、《詩本音》。然考《四庫提要·韻補》下稱：棫作《毛詩補音》、《楚辭釋音》、《韻補》凡五種，今《毛詩補音》已亡，惟此書存。自陳振孫謂朱子注《詩》用棫之説，朱彝尊作《經義考》，未究此書僅五卷，於《補音》十卷條下誤注「存」字，世遂謂朱子所據即此書。蓋棫音《詩》、音《楚詞》，皆據其本文推求古讀，尚能互相比較，粗得大凡。故朱子有取焉。此書則泛取旁搜，無所持擇，顛倒錯亂，皆亘古未有之臆説。世儒不察，乃執此書以誣朱子。又曰「棫書雖牴牾百端，而後來言古音者皆從此而推益加密」云云。

明三山陳氏，始知考《毛詩》、屈、宋賦以求古音。近顧氏、江氏考之尤審。今段氏復因顧、江兩家之説，證其違，補其未逮，定古音爲十七部」云云。按：宋鄭庠分《廣韻》二百六部爲六部，韻略合於漢、魏、杜、韓所用，而於周、秦未合。顧氏考經、《騷》，分二百六部爲十部，作《古音表》，較鄭氏爲密。江氏訂其於三百篇所用有未合者，分二百六部爲十三部，作《古韻標準》，較顧氏益密，而於三百篇仍有未合。段氏分二百六部爲十七部，作《六書音均表》。以上言古韻者之大凡，至於世所通行陰氏一百六韻之今韻，以沈、陸之書及唐、宋功令爲準，固爲俗書。而邵子湘作《古今韻略》，以今韻本求古音，止標漢、魏、杜、韓詩爲準，猶之沈約、鄭庠之失也。

戴氏《六書論序》曰：「大致造字之始，無所馮依，宇宙間事與形兩大端而已，指其事之實曰指事，一、二、上、下是也；象其形之大體曰象形，日、月、水、火是也。文字既立，則聲寄於字，而字有可調之聲；意寄於字，而字有可通之意。是又文字兩大端也。因而博衍之，取乎聲諧曰諧聲；聲不諧而會合其意曰會意。四者，書之體止此矣。由是之於用，數字共一用者，如初、哉、首、基之皆爲始，卬、吾、台、予之皆爲我，其義轉相爲注曰轉注；一字具數用者，依於義以引伸，依於聲而旁寄，假此以施於彼曰假借。所以用文字者，斯其兩大端也。六者之次第出於自然。」

錢氏曰：「大凡音有天地之元音，有古今之異音。天地元音者，雙聲、疊韻也；古今異音者，輕重、緩急、斂侈也。古斂今侈，亦有古侈今斂。元音皆始於喉，達於舌，經於齒，出於脣，古人皆重脣，後人轉爲輕脣，即神珙五音、九弄、反紐，亦無輕脣。天下之口相同也，古今之口亦相同也。輕重、緩急、斂侈，天下之口異，古今之口亦異也。即喉、舌、齒、脣之分，而聯之以雙聲，緯之以疊韻，而翻切之學興焉。有雙聲、疊韻，後人因有反切，有反切則有韻書。有輕重、緩急、斂侈，後人因有四聲。有韻書、四聲，於是古今之音有異讀。以今韻求古音不得，於是有叶韻、協句。以叶、協爲非，於是始求古音及本音。求古音、本音，必本元音，於是有等韻、字母。有等韻、字母，於是有華、梵之爭。錢氏謂雙聲、疊韻等學非梵學，即三十六母亦華音，非梵音。特以其爲唐末沙門所傳，又襲彼字母之名，鄭夾漈不加詳考，遂誤認爲天竺之學。雙聲昉於魏晉以後，古人未知。其實《易》、《書》已肇其端，至三百篇而斯祕大啓，至司馬相如、揚子雲作賦，益暢其旨。於是孫叔然制爲反切，以雙聲、疊韻紐弄而成音，遂大顯於世。後人又以雙聲類之，而成字母之學。雙聲在前，字母在後，學者反謂七音之辨始於西域，豈古聖賢之智乃出梵僧下耶？四聲始於周、沈，其實古人輕重、緩急即四聲。緩與輕者，平上也；重而急者，去與入也。漢代詞賦家好用雙聲疊韻太多，讀者聱牙。周、沈矯其失，欲令一句之中相間耳。漢人翻切、讀若，已是古今輕重、緩急不同，故有此通。再轉而爲切韻，再轉而爲四聲，再轉而爲唐韻，再轉而爲宋韻。曰轉音，曰協句，曰叶韻，求之不通者也，顧氏所以有本音之求；曰等韻，曰字母，求之於通者也，而守温、温公等所以有圖也。〔一〕一字兩音，平側異讀，出於轉音，如觀、冠、好、惡等。此魏晉經師强生分別，千餘年遵守不易。惟魏華父著論非之，以爲未有四聲、反切之前，安知不皆爲平聲。大抵後人講六書之音，有從偏旁得聲，有正音，有轉音，有叶音。元音則不然，喉、舌、齒、脣，辨之甚細，所以有併部、分部也。由平聲遂求入聲，此又言古韻者之所以益精也。」江氏有誥《音學十書·序例》曰：「自周、沈四聲定而古音失，陸法言《切韻》作而古音之部分失。宋吴才老首復古韻，特未免隨文遷就，於古之正音、古之部分，蓋茫乎未之知也。鄭氏庠作《古音辨》，始分六部，雖分部至少，而仍有出韻，蓋專就《唐韻》求其合，不能析《唐韻》求其分，宜無當也。明陳季立始知叶音即古本音，誠爲篤論，然於古韻部分亦未之知也。」「國朝崑山顧氏始能析《唐韻》以求古韻，故得十部，然猶牽於漢以後音也。婺源江氏始專就三百篇以求古韻，故得十三部，然猶惑於今人近似之音也。金壇段氏始知古音之絶不同今音，故得十七部，古韻一事，至今日幾於日麗中天矣。取而譬之，吴才老，古音之先導也；陳季立，得其門而入也；顧氏、江氏則升堂矣；段

〔一〕「守温」，道光本不誤而底本誤作「邵伯温」，今從道光本。

氏則入室矣。」又曰：「古有正韻，有合韻，有通韻。最近之部爲通韻，隔一部爲合韻。《詩經》用正韻者十之九，用通韻者百中之五六，用合韻者百中之一二。計三百五篇，除《周頌》不論，《風》、《雅》、《商》、《魯頌》共詩一千百十有二章，通韻六十見，合韻十餘見，不得其韻者數句而已。知其合，乃愈知其分。即其合用之故，而因以知古部之次第，並可知《唐韻》誤合之由。」又曰：「古韻無四聲。明陳氏已發其端，江氏申明其説者，不一而足。然《標準》仍分平、上、去、入四部，則自亂其例矣。想畬齋於去入不能配合，故聽其各見耳。」又曰：「古無四聲，確不可易矣。然以今音讀之，則聱牙而不協。吴氏有以少从多之例，施於叶韻，未免支離牽就；施於四聲，自可諧於今，無背於古。如一章之中，平多上少，則改上以从平；上多平少，是改平以从上。去、入同此例。」又曰：「顧氏謂古人一字止有一音，四聲互用，不在此例。嘉定錢氏譏其固滯。然兩漢、魏、晉固有一字數音者，若三代之文則無此也。至通韻、合韻，不得不遷就其音，故以叶别之，然亦不過百中一二而已。」又曰：「吴氏《韻補》、顧氏《詩本音》从本音轉紐爲多，亦間有不用本音者。如角字音禄，羹字音郎。以一隅之方音改易本音，實爲未妥。」又曰：「陳氏《毛詩古音考》率用直音，於無可音之字，多借相近者音之，畬齋譏其謬誤。」又曰：「《詩集傳》之誤，顧氏辨之詳矣。但《詩本音》之誤亦復不少。蓋顧氏祇知古有十部，而不知古有二十一部，按此亦勇於自信。故往往以不入韻爲韻，又泥於《唐韻》次第，不明古部次第通用之理。按古部次第，究屬强爲。孔氏《詩聲類》雖有補正三家之處，乃臆爲陰陽九聲之説，穿鑿武斷，功過相參。」又曰：「唐宋人不知古韻，杜、韓、蘇詩歌雜文，能遵古體而未達古音。吴才老雖云復古，無論其部分茫如，即所注之音亦多錯誤，良由七音未細，聲紐未精。顧氏《詩本音》臚列《唐韻》，使學者即《唐韻》以求古部分，然不注明音切，淺者視之，仍茫如也。」又曰「戴氏十六部次第，以『歌』爲首，『談』爲終。段氏十七部次第，以『之』爲首，『歌』爲終。孔氏十八部次第，以『元』爲首，『緝』爲終。以鄙見論之，當以『之』第一，『幽』第二，『宵』第三」云云。按歙江氏之分部，仿小徐之作《説文序篇》，至有意義，又其獨絶前人者，尤在《入聲表》。學者求六家全書讀之，音學之大旨盡於是矣。

錢氏大昭曰：「讀書以通經爲本，通經以識字爲先。經學必資於小學，故鄭司農深通六經而先明訓詁；小學必資於經學，故許祭酒專精六書而並研經義。」

按：此等論議，祇是門面吊場語，其實無謂。凡先儒解經，誰不用訓詁，匪獨康成也。凡治訓詁、小學者，誰不本之經義，匪獨叔重也。昔程子言「貧子説金，只説堅、説硬、説黄色，道他不是不得，只是好笑」。此類是也。

宋鑒《説文解字疏序》曰：「經學不明，小學不講也。小學不講，則形聲莫辨，訓詁無據。《説文》者，小學之祖也。」

今世學者奉此爲寶訓，海内治《説文》者，專門異派，紛然並作，無慮數十家。所以標宗旨，峻門户，示信學者，上援通儒，下震流俗，無過此學矣。夫謂治經不可不先通小學，及《説文》之有功於小學，誠不易之論。顧訓詁未明，當求之小學，是也。若大義未明，則實非小學所能盡。今漢學宗旨，必謂經義不外於小學，第當專治小學，不當空言義理。以此欲驀過宋儒而蔑之，超接道統，故謂由考覈以通乎性與天道，由訓詁以接夫唐、虞、周、孔正傳。此最異端邪説，然亦最淺陋，又多矛盾也。漢魏諸儒無不通小學，而其釋經猶多乖違者，非小學未深，政以大義未明故也。故自宋以來及近世漢學家皆各爲書，以相駁異。但宋儒所異，異其義理；漢學家所異，異其訓詁、形聲。而漢學之徒，其恉則以漢儒縱有謬誤，所説亦有本；宋儒所説大義、義理皆爲鑿空，故深以爲之罪。而思所以易宋儒之説者，舍小學、《説文》又别無具，故其爲説如是云云也。考許君《自序》，緣秦初作隸書而古文絶，漢初猶試諷籀書，試八體，其後尉律不課，小學不修，莫達其説。宣、平以後，張敞、杜業、揚雄諸儒通其學，著《訓纂篇》等書，始稍稍略復存之。及新莽居攝，甄豐頗改定古文，一亂而壁書及張蒼所獻《左氏春秋傳》及郡國所得山川古文，時人不識，共相非訾，詭更正文，鄉壁虚造，變亂常行，不合孔氏古文，謬於篆、籀。再亂故博采通人，考之賈逵，作《説文》以理羣類，解謬誤，曉學者，達神恉。其書以秦篆爲本，合以史籀、大篆及古文。古文者，《易》孟氏、《書》孔氏、《詩》毛氏、《禮》、《周官》、《春秋》左氏、《論語》、《孝經》及山川奇字。據此云云，是許君作《説文》，政本之西京諸儒及經古文。書中所引是也。今漢學考證家謂西京諸儒以未有《説文》，得壁經而不能讀，致使經義不明，是倒亂也。其謬一。許君本以經古文解説文字，因即以文字訓詁經義，但經義實非形聲、訓詁所能盡明者。今謂經義不明由於不講小學、形聲、訓詁，亦偏蔽也。其謬二。許君所訓詁、形聲及引經古文諸儒之説，其已著者既明矣，其所未著，是許君原無此説。今謂經義不能明當求之《説文》，雖推廣旁求，亦間得通貫妙證，然固非全經大義盡乎此學也。其謬三。許君所引經文，多有一字殊見，如《易》既引「以往吝」，又引「以往遴」；《書》既引「旁逑孱功」，又引「旁救僝功」、「方鳩僝功」；《詩》既引「褻袢」，又引「紲袢」；《論語》既引「色孛如也」，又引「色艴如也」。此類甚多。當由經師各承一家之學，各以所見爲定本，是以不合，而許君亦不能定之。今於許君所不能定，而欲求之《説文》以定之，益以惑矣。其謬四。《説文》既作，復作《五經異義》，則許氏未嘗以專用《説文》足證經矣。其謬五。鄭氏爲注經之宗，然不本之《説文》，偶有所引，甚少。臧玉林云：「鄭於《周官・考工》引《説文》，證『戈胡勾倨』一條。」陳壽祺云：「鄭君注《儀禮・既夕記》、《小戴禮・雜記》、《周禮・考工記》嘗三稱之。」則於鄭學之不能通者，不可求之《説文》矣。故鄭注《三禮》，賈《疏》多不能通，賈非不見《説文》者也。其謬六。《説文》於小學誠精且博矣，然其間穿鑿者甚多，有不異於後來王氏《字説》者。顧氏所摘數十條，按：史籀始變古文，著大篆十五篇，王莽時亡失。建武中，獲九篇。章帝時，王育爲作解説，所不通者，十有二三。王厚齋云：「《説文》多引王育説。」何義門曰：「育之言大抵多不經。」朱氏筠猶袒護之。因是新學之士於其解説乖違顯然可笑者，亦必曲爲諂附，殆於誕而愚也。其謬七。《説文》所引異字，即今經文「讀某」之字，洪容齋及近錢大昕氏嘗録出凡數百字。今經文皆不復見，不適於用，不與馬、鄭相應。是後人尚不能通其所異之字，又何由能以之定經義之説乎？其謬八。許君本以六書之義解説文字，謂聖人不虛作，必有依據。所謂依據者，指六義也。凡以明聖人作此字之義，有一定依據也。若夫經義則不然，有一字作一義用，有一字作數義用。今執《説文》，以一字考經，所以致以文害詞，以詞害意，穿鑿而不可通也。蘇子瞻曰：字同義異，必欲一之，雕刻綵繪，以成其説，是以六經不勝異説而學者疑焉。如孔子言聞，則爲小人；詩人言聞，則爲君子。「喪欲速貧，死欲速朽」，八字成文，猶不可一，曰言各有當而已，而況欲以一字一之邪？其謬九。今以小學説經者，既多執一訓以通之，如訓「一貫」爲「事」之類。又假借、轉注以通之，又以偏旁從某得聲通之，又以古今音緩、音急之異通之，《通考》吴棫《韻補》下引陳氏《書録解題》一條，稱陸德明之説甚明。又推廣鄭氏三例通之，曰「讀如」，比儗其音也；曰「讀爲」，就其音以易其字也；曰「當爲」，定其字之誤也。或謂「讀爲」爲就其音以易其字，非。蓋「讀如」乃音同，「讀爲」乃義同，義同則不得爲易字，如「仁」讀爲「相人偶」之「人」；「上帝甚蹈」，《傳》曰「動也」，《箋》曰「讀曰悼」。此皆義近，非易字，惟音、義皆異，始爲易字。此皆枝詞謬説。又以古音同部通之，《廣韻》二百六部，自鄭庠始分爲六部，其後顧氏、江氏遞有所分，段氏作《六書音均表》，又分江氏十三部爲十七部，學者頗病其强古人以就我，不免武斷。其同部之通，今舉阮氏《釋彖》一條，以見其例，其説曰「彖者，材也。

此乃古音訓相兼，是彖音必與材音同部。材字之才與彖字皆在段氏古音第一部，由之、咍、止、海、志、代，轉而爲十五部之脂、微、齊、皆、灰，又轉爲十六部之支、佳、紙、蟹、卦、麥、昔、錫。〔一〕若讀今音通貫切，如劉瓛之訓斷，則在十四部，與材字迥不同部，孔子何爲以材字訓之哉」云云。樹按：古才、財、裁字同用。彖，斷也。裁有決斷之義，孔子以義釋之，故曰「彖者，才也」，非必音韻同也。今以後人分部，强釋爲同音，則上文「易者，象也」，易與象亦同部、同韻乎？又以隸變通之，又以師師相傳舊解通之，如戴氏、王氏説「光被四表」。又以後人妄增删改致誤通之，按：《李巡傳》偁：「巡以爲諸博士試甲乙科，争第高下，至有行賂定蘭臺漆書經字以合其私文者，乃白帝，與諸儒共刻《五經》文字於石，於是詔蔡邕等正其文字。自後《五經》一定，争者用息。」然則《五經》文字經蔡邕定後，固已無失，自唐人定本後，又有張參、唐玄度等字書，則文字之誤不過什一之於仟百，無容張皇也。按《後漢書·儒林傳》，熹平石經爲三體書，與《隋志》不同，前儒所説不一，其實漢石經實一字也。附訂之於此。顛倒减省，離析合併，展轉百變，任意穿鑿，支離轇轕，不顧義理之安，於是舉凡古今滯難不可通之義，而無不可通之。就其合處所得，誠亦有功，但求之太鑿，其傅會僻違，歧惑學者，失亦不少。其謬十。顧氏亭林曰：「六經之文，左、公、穀、毛萇、孔安國、鄭衆、馬融諸儒之説未必盡合，況叔重生於東京之中世，所本者不過劉歆、賈逵、杜林、徐巡等十餘人之説，而以爲盡得古人之意，然與否與？實不止此數人，《日知録》已補録，分注本條下矣。五經未遇蔡邕等正定之先，傳寫人人各異。今其書所收率多異字，而以今經校，則《説文》爲短。又一書之中有兩引而其文各異者，後之讀者將何

〔一〕「紙」字原誤作「祇」，今改正。

所從？且其書流傳既久，豈無脱漏？即徐鉉亦謂篆書湮替日久，錯亂遺脱，不可悉究。」又序《韻譜》曰：「今承詔定《説文》，更與諸儒精加研覆，又得李舟所著《切韻》，殊有補益。其間有《説文》不載而見於序例注義者，必爲脱漏，並存編録。」可知《説文》本有脱漏。今漢學諸人堅謂此書所闕者必古人所無，或見他書所有而疑之，或別指一字以當之，如《説文》無「笑」字，而《唐韻》引《説文》有之；《説文》無「由」字，後人以「粤」字當之；無「免」字，後人以「絻」字當之；無「劉」字，後人以「鎦」字當之。按《水部》有「瀏」字。惠氏校曰：「似後人亂之。」此皆蔽也。楚金《繫傳·疑義篇》著劉、志、騂、希、崔、免、由七字，〔一〕云：「據偏旁有之而諸部不見，蓋相承脱誤，非箸書之時本無。」又云：「按《説文》有劉、瀏等字而無此字，疑脱漏。《爾雅》『劉，殺也』；《尚書》曰『重我民，無盡劉』；《左傳》『虔劉我邊垂』。當云从刀、金，卯聲；或曰从刀，鎦聲。刀字屈曲，傳寫誤作田耳。」按丣、丣形同，丣象開門，丣象閉門，又象西之形。劉字上當從丣，丣爲秋門，故訓殺。若丣爲二月天門，安得訓殺？《王莽傳》「劉之爲字，卯金刀也。因禁正月剛卯金刀之利，皆不得行。」此莽不識字而妄作也，亦可見此字非本無。叔重漢人，豈得蔑國姓而不箸哉？改經文以就《説文》，支離回護。其謬十一。又《説文》不但文字有脱漏，即許氏説解亦多脱。如《人部》偉、偓、伋、佺，皆注人名、姓名。夫人姓、人名，豈可説六書哉？《一切經音義》引《説文》「伋，急行也」。《段氏説文注訂》於偓、佺下無駁證，伋字云「以此爲解，亦非例也」。古人名、字相應，孔伋，字子思；仲尼弟子燕伋，字子思。然則伋字非無義矣，人名二字，非許書之舊也」云云。臧氏玉琳引《玉篇·艸部》「藥」字注引《説文》云「治疾病之艸總名」，今《説文》云「治病艸」。又「艿」字注引《説文》「舊艸不芟，新

〔一〕原脱「崔」字，據《説文繫傳》補。

艸又生曰芀」，今本云「芀，艸也」。凡如此類甚多。今專據世所傳本《説文》，謂概以足證經義，恐不能備。其謬十二。今之爲《説文》學者，曰部分，徐氏《韻譜》移叔重偏旁從《切韻》，鼎臣序之曰：「秉筆操觚，要資簡閲，而偏旁奥密，不可意知，尋求一字，往往終卷，力省功倍，思得其宜。舍弟鍇特善小學，因命取叔重所記，以《切韻》次之，聲韻區分，開卷可觀。此書止欲便於檢討，無恤其他。」李氏《韻譜》偏旁不改，但移其次，仁甫自序曰：「叔重部叙舊次，世固未有能通其説者，楚金實始通之。某初作《五音譜》，不敢紊叔重部叙舊次，其偏旁皆按堵如故。後從虞仲房之言，每部又從四聲改移之。」按：自李氏書出而徐氏《韻譜》微，世少見之。曰字體，朱氏筠曰：「自顧野王雜以隸書，李陽冰改其筆蹟，於是有本異文而今同一首者，有本同文而今異所從者，有本从某得聲而今改而之他者，有全失其體而訛者，有因一字以訛數字者，有併二字以訛一字者。」曰音均，徐鉉曰：「《説文》之時，未有反切，後人附益，互有異同。孫愐《唐韻》行之已久，今並以孫愐音切爲定。」徐鍇《繫傳·通釋》，朱翺反切。然二徐所音多不合漢人音讀，故近日段氏作《六書音均表》，以十七部古音繩之，於其不合，輒刪聲字。而鈕氏復作《段氏説文注訂》以駁之也。陳季立云：「《説文》之中多與《毛詩》合，徐鉉槩依孫愐之《切韻》，是以唐音而反律古音。厥後諸韻書引古詩如晨星，而於唐宋百家之辭每數數，無亦譜子孫而忘宗祖乎？」曰訓詁，徐氏曰：「許氏注解，詞簡意奥，不可周知。陽冰之後，諸儒箋述有可取者，亦從附益。猶有未盡，則臣等粗爲訓釋，以成一家之書。」巽巖李氏亦曰：「小學放絶久矣。欲崇起之，必以許氏爲宗，而二徐兄弟最其親近者。如陽冰、林罕、郭忠恕等，俱當收拾採掇，聚爲一書，顧力有未及耳。」按：近人段氏爲《説文注》蓋本此恉，採他書以證許義，亦多可取。獨恨求之太鑿，所失亦多耳。曰增收，李氏曰：「吕忱作《字林》五卷，以補叔重所遺闕。」按唐人多誤引《字林》以爲《説文》。顧野王作《玉篇》，其文又增多於叔重。唐上元處士孫强復修《玉篇》，愈增多其文。今行於俗間者，强所修本也。曰新附，按：世人多議新附，或謂此宋祖之意，非鼎臣之過。近鈕氏著《新附考》專論之。愚謂蒼頡初作，字能有幾？自《史籀》以來，多爲後起滋生之事矣。古今事變，不可究詰，必執古之所無不當爲今之所有，則誣而難行。新附之字，今皆施用，固不能斥之矣。新學小生，開口曰後起字非古，此强作解事也。至於《説文》所有之字，爲今世所不施用，即不宜用。學者識古文奇字，但當用以辨讀古書則可，不當施於今時文書中也。張有書《魏國夫人碑》，「魏」字從山，以爲捥可斷，字不可改。近人江聲，生平不肯作隸、楷，雖尺牘、家書、計帳，皆依《説文》，雖曰好古，性亦蔽矣。顔元孫曰：「自改篆隸行，漸失其真，若總據《説文》，則下筆多礙，當去泰去甚，使輕重合宜。」徐鼎臣《表》亦曰：「高文大册，宜以篆、籀著之金石。至於常行簡牘，隸、草足矣。」二公皆精小學，而持論如是。《四庫提要・凡例》曰：「黄諫之流，欲使天下筆札皆改篆體；顧炎武之流，欲使天下言語皆作古音。迂謬已極。」按：魏國夫人，林攄母也。《齊東野語》：「宣政間，攄奉使契丹，以口耳王對白玉石，爲契丹使所誚，降黜。後以其罵虜，用至中書侍郎。」〔一〕附訂之於此。

曰徐氏兄弟異同得失。二徐各執所見。楚金有《繫傳》。鼎臣增新附及新修十九文，以俗字作篆體，又不知轉聲，即加刊落。段氏曰：「此非專書不能明也。」愚按：徐氏兄弟之於《説文》，誠可謂許氏功臣。先民宋宣憲、李巽巖以來，莫不推服，實古今獨步。李陽冰精通小學，自謂斯翁而後，直至小生。楚金作《繫傳・祛妄篇》斥之，使陽冰復生，亦當頫首。又擬孔子《序卦》作《序篇》，以明五百四十部之次。李仁甫言：「許氏部序奥密，世未有知之者，實至徐氏而始能明之。」愚謂《説文》實有脱字，則徐之此序，不免穿鑿。此自其小短，不得一概推之也。

曰古本。段氏《汲古閣説文訂序》曰：「《説文解字》一書，自南宋而後有二本。一爲徐氏鉉奉勅校訂許氏，始一終亥，原本也；一爲李氏燾《五音韻譜》，仍許氏五百四十部之目，以《廣韻》、《集韻》始東終甲次之，每部中之字又以始東終甲爲之先後，勝於徐氏《篆韻譜》遠矣。自李氏而前有二本，一即鉉校定三十卷，一爲南唐徐鍇《繫傳》四十卷。自鉉書出而鍇書微，自李氏《韻譜》出而鉉書又微。前明一代，多有刻李氏《韻譜》，而刻鉉書者絶無。好古如顧亭林，乃云『《説文》原

〔一〕此段引文見趙彦衛《雲麓漫鈔》卷十，方氏誤記。

本次第不可見，今以四聲列者，徐鉉等所定也』，誤矣。明毛晉及子扆，得宋始一終亥小字本，以大字開雕，是亭林時非無鉉本也。毛氏所刊版，入祁門馬氏在揚州者，近又歸於蘇州書賈錢氏。《繫傳》僅有傳鈔本，至難得，近杭州汪啓淑雕版盛行。始一終亥本，王昶有宋刊本，元和周錫瓚有二本，一曰宋刻本，一曰明葉石君萬影抄本。以上三本皆小字，每葉二十行，小字夾行則四十行。一曰明趙靈均抄大字本，即汲古所仿刻之本。一曰宋刊大字《五音韻譜》。三小字本不出一槧，故大略相似。趙鈔本異處較多，稍遜於小字本。若宋刻《五音韻譜》本，則略同趙鈔本，而尚勝於明刊者。周錫瓚又出汲古初印本，斧季親署云：『順治癸巳，汲古閣校改第五次本。』卷中旁書朱字，復以藍筆圈者，一一刓改。四次以前微加校改，五次則所改特多，往往取諸小徐《繫傳》，亦間用他書。」以上段氏所訂諸本同異如此。余按：周亮工《書影》言：「毛氏得宋大字本，周考證疏，傳聞未審也。」嘉慶間，孫星衍刊宋小字本，其序言：「朱學士筠視學安徽，刊舊本《説文》。」按其本亦同毛氏。又言徐鍇《韻譜》僅有明刻舊本。又有滿洲額勒布刻宋大字本，云新安鮑氏所藏本。然此刻不如孫氏遠甚，一序尤陋。明刻李氏《韻譜》，世稱萬曆本。又有一大字本，與萬曆本異，或言是明永樂本，未有確據，疑明人翻宋大字本耳。又按汲古刊李氏《韻譜》，前仍鉉校本許氏原序，非也。此本當刊李氏序於卷首。又按徐鍇《説文韻譜》用李舟《切韻譜》，其四聲實爲李氏《五音韻譜》所本。鉉爲鍇篆名曰《説文韻譜》。明李顯刻本妄增篆字曰《篆韻譜》。若然，豈李氏《五音韻譜》非篆文乎？此書流傳甚少。李顯刻未知於萬曆時宫氏所刻李氏《五音譜》孰先孰後。顧亭林既未見始一終亥原本，又未見徐氏《韻譜》，而誤以李氏本當徐氏本耳。而錢曾《讀書敏求記》云「宋人檮昧，欲便於檢閲，妄以一東二冬依韻分之，大失許氏本旨，其厄更甚於秦坑焚燎」云云。按：雍熙年，徐鉉校本用孫愐音，即今毛晉汲古所刻始一終亥本。明萬曆中，宫氏刻李燾《五音韻譜》始東終甲本。陳大科叙之，誤以即徐氏本，陳啟源、顧炎武並沿其誤。按此説小誤，陳、顧兩家蓋誤以汲古所刻李氏《五音譜》當徐鍇《譜》耳，非誤認爲鉉始一終亥本也。汲古刻李《譜》，不載燾序，乃由陳大科誤之耳。又按：鍇《繫傳》用朱翶《切韻譜》，用李舟《音切》。李舟獨孤及門人，《毗陵集》首有虞州刺史李舟序，此即杜子美所贈詩之人也。《九域志》：「唐明州刺史王密碑，李舟文，顔真卿書」。《唐志》有李舟

《切韻》十卷，《宋志》五卷。錢曾不知始東終甲《韻譜》始於徐鍇，又未見《文獻通考》所載鉉作《韻譜序》，但見汲古刻李氏書，因妄詈宋人檮昧云云，此爲無知而强解事也。聞竹垞初得《敏求記》，以爲奇寶。以余觀之，其中叙釋殊爲淺陋，其於晁、陳、馬、竹村，殆不可同年而語。《敏求記》又云：「《繫傳》流傳絶少，世罕有覯之者。當李巽巖時，蒐訪歲久，僅得七八闕卷，誤字無所是正，況後之人乎？」凡如此類，皆許氏之功臣，而非全爲經義。獨惠氏校《説文》，多以證明經義，而説者又以惠氏不過兼學，非專門深於《説文》者。然則爲《説文》之學者，又不必爲明經義也。其謬十三。六經，孔子所手訂，而子夏、子貢，又孔子所親許爲善説《詩》者。趙岐稱孟子通五經，〔一〕尤長於《詩》、《書》。今觀孔孟諸賢所以引經文，發明大義，其説不過如彼，初不待穿鑿訓詁小學，然後爲得也。其謬十四。上古制字，以鳥跡爲始。自黄帝、三代，其文不改，孔壁古文是也。《史籀》大篆，與古文或異。況考《説文》所重千一百六十三字，於籀文已寥寥。今欲以《説文》秦篆六書之義推尋古文經義，固難通矣。其謬十五。竊謂經義在今日，大義及訓詁，兩者略已備矣。蓋不患不明，第患不行耳。若其猶有疑滯，亦什一之於千百，或前儒所互考聚訟而未決，或破碎迂僻，非義之要。此等得之固佳，即未遽明，亦無損大體，無關閎旨。且取其明白無疑者潛玩而服行之，於身心、家國之際，其用已宏矣。而何必别立宗旨，驚天動地，忽近而圖遠，務小而遺大。舍本訌末，斷截小文，

〔一〕趙岐，「岐」字原誤作「歧」，今改正。

媟黷微辭，謂宋儒廢訓詁而談義理，使二千餘年經義沈淪，儒林不振云云。騰謗釀嘲，揜其閎美，豈非所謂小辨破言，小言破道乎？且既謂之小學，則固不得以比於大學矣。今諸人堅斥大學非聖門授受入德之要，痛詆窮理，主張訓詁，而託之唐、虞、周、孔正傳止於小學。巧眩移目，新聲悦耳，新學小生胸未有知，承竅附和，遺誤狂惑，其爲學術人心之害，豈細故與？《四庫提要》論惠氏《九經古義》曰「古者漆書、竹簡，傳寫爲艱，師弟相傳，多由口授，往往同音異字，輾轉多歧。又六體孳生，形聲漸備，毫釐辨别，後世乃詳。古人字數無多，多相假借，沿流承襲，遂開通用之門。談經者不考其源，每以近代之形聲，究古書之義旨，穿鑿附會，多起於斯」云云。故謂説經者不可不治《説文》，此同然之論也。若揭《説文》以爲標幟，攘袂掉臂，以爲説經之宗，則淺陋卑狹甚矣。昔顔黄門雖信《説文》，然又曰：「其所援引經傳，與今乖者，未之敢從。」因論《説文》解「䆃」是禾名，引《封禪書》「䆃一莖六穗於庖犧」爲證，〔一〕以爲不達文章之體。

孫氏星衍曰：「唐、虞、三代五經文字，燬於暴秦而存於《説文》。《説文》不作，幾於不知六義。六義不通，唐、虞、三代古文不可復識，五經不得其本解。《説文》未作以前，西漢諸儒

〔一〕《封禪書》原文作「䆃一莖六穗於庖，犧雙觡共抵之獸」，方氏多引一字。

得壁中古文《書》不能讀，謂之逸十六篇。《禮記》，七十子之徒所作，其釋《孔悝鼎銘》『興舊耆欲』及『對揚以辟之勤大命』，或多不辭，此其證也。」

按：此等議論，乍看似甚淵雅，義據通深，故宿士新學皆爲所眩，信之以爲極論。若以實考之，乃不根之談也。許沖上表，言「今五經之道，昭炳光明。而文字者，其本所由生」云云。語意分明，蓋謂經義本解已著，此特引證，用以説解文字耳。今謂《説文》未作，五經不得本解，殊爲傎誤。至壁經自是古文，許君所説自是秦篆。《説文》所重籀古，僅千一百六十三字，徐鍇曰：「按蕭子良云籀書即大篆，新臣甄豐謂之奇字，史籀增古文爲之，故與古文異也。」則謂唐、虞、三代古文存於《説文》者雖頗有之，而世或不辨，疑莫能明也。嘗試考之，《説文》於籀古外所引七經曰皆古文者，謂孔壁字形本如此，别於山川奇字及籀、斯所改大、小篆也。籀改古文，與古文或同或異，度斯改籀文亦然，皆頗有省改，而非盡變其迹。如「系」字，籀文从爪、从絲；小篆既省爪爲丿，又省雙系爲單系，是也。其形與古文雖頗有異同，而大體相類，徐鍇曰：「籀文字體繁複，與古文並行。故孔子時，經復行古文也。秦政嚴急，務趨約易，李斯頗删籀文，謂之小篆。《會稽山銘》及今之小篆是也。苛暴尤甚，篆復不足以給，故程邈作古隸以自贖，字畫曲折，點綴易成，即今之隸文，但無八法而已。李斯小篆，隨筆增減。所謂秦文隸字，體或與小篆爲異，其中亦多云此籀文、此古文也。」謂之科斗書，蓋時人不識，象其形而爲之名。《史記·儒林傳》、《漢書·藝文志》及許氏《説文》皆云古文，不云科斗。云科斗者，僞《孔序》及鄭氏之言耳。《序》云：「百篇之義，世莫得聞。魯共王壞孔子宅，於壁中得古文《書》及《左傳》、《論語》、《孝經》，皆科斗文字。」又曰「科斗書廢已久，時人無能知者。以所聞伏生之《書》考論文義，定其可知者以隸古定，以汗簡寫之，增多伏生二十五篇，其餘錯亂磨滅弗可知。悉上送官，藏之書府，以待能者」云云。鄭氏曰：「《書》初出屋壁，皆周時象形文字，以形言之爲科斗，指體即周之古文。」徐鍇《説文繫傳》曰：「古者以鳥迹爲始，即古文也。書有工拙，或引筆爲畫，頭重而尾纖，取類賦名，謂之科斗。孔子壁書、滕公墓是也。」又曰：「許氏序前言自秦興隸書，古文從此絶矣。魯共王所得，世間無之。」鄭、徐二説，皆釋科斗名義及古文復出之迹，非謂世無識其音讀者。衛恒《四體書勢》序古文曰：「自秦用篆書，焚燒先典，古文絶矣。漢武帝時，魯共王壞孔子宅，得《尚書》、《春秋》、《論語》、《孝經》，時人已不復知有古文，謂之科斗書。漢世秘藏，稀得見之。」據恒意，特時人不知此爲古文，因名之爲科斗書耳。閻若璩云「科斗書，漢時盛行，且著之功令。見《藝文志》蕭何《草律》」云云。按：《志》所叙六體，止曰古文，不曰科斗。閻意蓋指古文即是科斗，語雖小差，恉自不誤。徐鍇《序》五體正文，一曰古文，二曰科斗，亦謂即古文而稍異者耳，皆不云世無識讀者。杜預《左傳後序》記《汲冢書》云：「皆簡編科斗文字。」又云：「科斗文久廢，推行不能盡通，始者藏在祕府，予晚得見之。」孔《正義》曰：「科斗文者，周時古文也。其字頭麤尾細，似科斗之形。」又云「詔荀勖、和嶠以隸字寫之，勖等於時已不能盡識」云云。据此，自説汲冢，非謂孔壁古文，今《説文》中所載是也。許氏明云「孔子書六經，皆以古文，厥意可得而説」，非不識也。和嶠、杜預之世，隸楷已行，故人不識古文。若安國時，古文在六體試學者之首，何爲不識？總之，安國《古文尚書》但未列學官耳，非不識其字，一也。兩漢儒者非不見古文，古文並未亡，二也。其古文即今所載於《説文》者，非正始後僞造頭麤尾細之俗體，三也。鄭以前但謂之古文，無科斗之名，許慎父子及孟堅《藝文志》皆稱古文、古字，不云有科斗之名也。馬貴與、顧亭林所説，似皆失之。衛恒曰「魏初傳古文者，出於邯鄲淳。正始中，立《三體石經》，轉失淳法，因科斗之名，遂效其形」云云。據此，則後世所傳科斗書形所以與《説文》不類者由此，而章懷太子又誤以爲蔡邕石經也。徐鍇《説文繫傳》曰：古文，科斗，大、小篆，隸書，「此五體皆正文也。而鳥蟲書、刻符、殳書之類，隨事立制，同於圖畫，非文字之常也。又《穆天子傳》、《山海經》、諸子所有異字，本皆篆體相承，隸書乖紕貤謬，未始有極。《古文尚書》足以證矣。五體之外，漢魏以來懸鍼、倒韰、偃波、垂露之類，皆字體之外，飾造者可述。而齊蕭子良、王融、韋仲將、庾元威之徒，隨意增益，妄施小巧。至於宋景之、史秋胡之妻，皆令撰書，厚誣前人，以成己學。是以王融作七國時書，皆成隸字，其爲虚誕，不言可明。是以一百二十文體，臣所不敢言也」云云。又如晉太康《汲冢古文》、齊文惠太子所得雍州科斗文，皆在許氏之後，不可以據難《説文》，不復論也。又按：杜陵秋胡善爲古隸，非魯人挑妻者也，事見《西京雜記》。此云秋胡之妻，「之妻」二字羡文，《繫傳》誤也。若考其實，不過古文之稍異者耳。如《説文》見存七經之字皆是，非必不能識讀。《藝文志》稱劉向校三家經文，字異者七百有餘。《孝經》異者四百餘字。借使《逸十六篇》人不能讀，則當日所偁以隸古定者，果何謂也？《史記索隱》曰：「以今文讎古篆、隸，推科斗以定五十餘篇。」語雖拙昧，知《逸篇》亦以隸定之也。《藝文志》劉向以中古文校三家經文，偁「古文讀應爾雅，故解古今語而可知也」。劉、班事言如此，古文非不能讀明矣。而《禮記》、《春秋》、《論語》、《孝經》皆爲古文，叔重安得傳其讀以説而解之哉？叔重序壁經古文及張蒼所獻、郡國所得前代古文，明曰「皆自相似，雖叵復見遠流，其詳可得略説」，不云人不識讀也。許《序》曰：「今序篆文，合以古籀。」籀不待言也。所謂古文有二，一爲山川奇字，王莽時六書所謂「奇字」者，此與籀文皆在所重千一百六十三字之中；一爲孔子壁經，康成所謂周代之古文，王莽時六書所謂「一曰古文，孔子壁中書」是也。凡今《説文》所存七經之字皆是，故曰「皆古文也」。其字形與小篆大體相似，但所从偏旁、點畫、結作異耳，如無有作敃弙善射之類。抑或竟與小篆不異，如《詩》爲絢《書》作繪之類是也。顧亭林氏曰：「孔安國《書序》所謂爲隸古定，《正義》曰：『就從隸定之，故曰隸古，言雖隸而猶古。』是西京之世所云古文者，不過隸書之近古者而已。而共王所得科斗文字久已不傳，唐玄宗所云六體奇文，蓋正始之書法也。」董彦遠《古文集類序》云：「孔安國以隸古易科斗，故漢人不識古字。開元又廢漢隸，故唐人不識隸古。」王厚齋駁之曰：「今案《書序》爲隸古定，《正義》謂就古文體而從隸以定之，雖隸而猶古。蓋从古則可愛，爲隸則可識。非謂隸書爲隸古也。」按如厚齋意，猶後人法帖釋文耳。鄭樵云：「《古文尚書》，唐明皇更隸以今文。」鄉先輩姚薑塢先生曰：「穎達作疏時，必已作楷書，不待開元始改。馬貴與云：漢之所謂古文者，科斗文；今文者，隸書也。唐之所謂古文者，隸書；今文者，世所通用之俗字也。隸書秦漢間通行，至唐則久變爲俗書矣。何《尚書》猶存古文乎？蓋安國《書》至隋唐間方顯，往往人猶以僻書奧傳視之，繕寫傳授者少，故所存者皆古物，尚是安國所定之隸書，未嘗改以從俗字。猶今士大夫家有奇異之書世所罕見者，必是舊本，且多古字是也。馬氏此説亦非。作序者自云以竹簡寫之，此書梁、隋間蔡巢、費顧相承作疏，豈猶竹簡乎？此猶漢人稱《古文尚書》以别夏侯、歐陽耳，不聞仍作科斗書也。」又曰：「如果當時有隸古定之書，藏之書府，漢世言小學者何不一及之，但言孔氏古文而已。是古文非人所不見，而安國之隸古定實無有也。陸氏《釋文序》云：『《尚書》之字本爲隸古，既是隸寫古文，則不全爲古字。今宋、齊舊本及徐、李等《音》所有古字蓋亦無幾。穿鑿之徒務欲立異，依旁字部，改變經文，疑惑後生，不可承用。』」阮氏元曰：「是所謂古文，不過如《周禮》、《漢書》，略有古體及假借、通用之字而已。」晁氏《讀書志》云「陸德明獨存一二於《釋文》」，正與古字無幾相合。若是連篇累牘悉是奇字，陸氏豈得或釋或不釋哉？徐鍇曰：「王僧虔云秦獄吏程邈善大篆，得罪囚於雲陽，乃增減大篆體，去其繁複，始皇善之，名其書曰隸書。班固云：『謂施之於徒隸也。』即今之隸書，而無點畫俯仰之勢，故曰古隸，杜陵秋胡善古隸是也。」據以上諸説，所争隸古定訖無定論。然余按徐鍇曰：「叔重所解，解其義也。點畫多少，悉按程式。」據此則《説文》見存古文所謂《書》孔氏者，必是壁書本來字體如此。知者，叔重斷不以秦隸徑稱之爲孔壁古文也。則董氏所云漢人不識古字者固不經，而亭林所謂近古者亦影響也，不如阮氏説最優。

世人未細玩《説文》，既不辨所引七經古文與秦篆何别，又未詳讀許《序》，祇知以所重古文爲古文，而不辨所存七經古文爲何形也。又惑於後世所傳科斗僞體，與《説文》字形不類，又惑於僞《序》及杜預等偁科斗書久廢，時人無能知，故妄謂西京諸儒得壁經不能讀。又見世儒争孔氏《古文尚書》亡絶晦顯異同，茫如墮煙霧，求其説而不得，故妄意壁《書》之亡，由於不識科斗所致。夫許君明曰：「王莽時有六書，其詳可得略説，後經世人詭更變亂，鄉壁虛造，不合孔氏古文，謬於史籀，乃博考通人，遵修舊文，作《説文解字》，所引七經皆古文也。」其自序明白如此，是西漢古文未絶，無緣人不能知、不能讀也。故凡先儒偁古文亡絶者，其事有二，學者茫昧，率多牽混。不知陸、孔所謂古文絶者，安國《古文尚書》也；許氏所謂古文絶者，小學字體也。謂秦初興篆、隸時事，其實漢興，古文已復行矣。小學之事，西京爲盛，無緣待許叔重而後識古文也。《漢書・藝文志》：「蕭何草律著法，太史試學童，能諷書九千字以上，乃得爲史。又以六體試之，課最者以爲尚書、御史、史書令史。」又曰：「漢興，閭里書師合《蒼頡》、《爰歷》、《博學》三篇爲《蒼頡篇》。武帝時，司馬相如作《凡將篇》。元帝時，史游作《急就篇》。成帝時，李常作《元尚篇》。元始中，徵天下通小學者以百數，揚雄作《訓纂篇》，臣復繼作十有三章。六藝羣書，於兹略備矣。」又《儒林傳》：「司馬遷亦從安國問故，遷書載《堯典》、《禹貢》、《洪範》、《微子》、《金縢》諸篇，多古文家説。」徐鍇曰：「按《漢書》李斯《蒼頡篇》中多古字，俗師失其讀。宣帝時，徵齊人能正讀者，張敞受之，傳之外孫之子杜林，爲作訓也。」又叔重《序》稱杜業、爰禮、秦近能説文字。《後漢書・盧植傳》稱「古文科斗，近於爲實，〔一〕而抑之流俗，降在小學。中興以來，通儒達士班固、賈逵、鄭興父子並敦説之」。

則謂《説文》未作，西漢諸儒得古文《書》不能讀，謂之逸十六篇，斷斷乎其不然也。且謂之逸十六篇云者，其名與事與義各不同。《史記・儒林傳》、《漢書・藝文志》、孔安國《書序》、陸氏《釋文》或云十餘篇，或云十六篇，或云二十五篇。云得、云多、云增多，別於伏生今文二十九篇，而言其以逸爲亡逸。安國既獻後，遭巫蠱事，未

〔一〕「實」字原誤作「寶」，據《後漢書》卷六十四《盧植傳》改。

列於學官，所上古文真本逸，其副本藏家，孔霸、孔煜、孔僖世傳古文。授都尉朝，實未逸。《安國傳》云：「起其家逸書。」此逸書是指書名，即指孔壁古文，故漢儒與逸禮、逸易並稱，後人以被之安國獻後之亡，遂謂亡逸，況本未亡乎？馬融云逸書十六篇，絶無傳説，謂安國未嘗作傳，明白如此。范史《張楷傳》「通《古文尚書》」，《劉陶傳》「陶明《尚書》，爲之訓詁，推三家大小夏侯與歐陽和伯也。及古文，是正文字三百餘事，名曰《中文尚書》」，又《晉書・伏湛傳》「永和元年，詔伏無忌校定中書經」。歷考史文，安國古文並未嘗亡，亦無傳。唐孔氏以晉世所出僞古文爲真古文，爲漢儒所不見，一謬也。又以馬、鄭所注爲張霸書，二謬也。陸德明以馬、鄭所注爲伏生今文，閻百詩以馬、鄭所注爲杜林漆書古文，是二説未敢定之。但馬、鄭所注縱非古文，而劉歆所云成帝陳發祕藏則安國所獻原本，西京之世同在中祕，未嘗亡也。《逸書》之説多不一。《史記・儒林傳》：「安國以今文讀之，因以起其家。《逸書》得十餘篇。」此自指壁中古文。故《楚元王傳》劉歆同《逸禮》並稱之，《論衡》同《逸易》並稱之，馬融《書序》所謂逸十六篇，康成注《書序》曰亡曰逸，皆即謂此所增多十六篇，別於伏生今文所有二十九篇者而言。《藝文志》曰：「以考二十九篇，得多十六篇。」師古曰：「見行二十九篇之外，更得十六篇。」《疏》謂：「十六篇即二十五篇，以《序》附近各冠篇首，故謂之二十四篇。」鄭注《書序》：「《舜典》一，《汩作》二，《九共》九篇十一，《大禹謨》十二，《益稷》十三，《五子之歌》十四，《胤征》十五，《湯誥》十六，《咸有一德》十七，《典寶》十八，《伊訓》十九，《肆命》二十，《原命》二十一，《武成》二十二，《旅獒》二十三，《冏命》二十四。」疏又云：「孔於伏生二十九篇內，無古文《泰誓》，除《序》尚二十八篇，分出《舜典》、《益稷》、《盤庚》二篇、《康王之誥》，爲三十三，增二十五篇，爲五十八篇。鄭則於伏生二十九篇內，分出《盤庚》二篇、《康王之誥》一篇，又《泰誓》三篇，爲三十四，更增僞書二十四篇爲五十八。」又云：「以此二十四篇爲十六卷，以《九共》九篇共卷，除八篇，故爲十六篇，合於劉向《別録》、《藝文志》之數。」又云：「孔《書》古文，多十六篇，篇即卷也。即此僞《書》二十四篇。」又云：「遂有張霸之徒，僞作此二十四篇、十六卷，附以求合於孔氏之五十八篇、四十六卷之數。劉向、班固、劉歆、賈逵、馬、鄭之徒皆不見真古文，而誤以此爲真古文之書。服虔、杜預亦不之見，至王肅似竊見之。」《正義序》曰：「古文則兩漢亦有所不行，安國注之，實遭巫蠱，遂寢而不用。歷及魏晉，方始稍興。故馬、鄭諸儒皆莫覩其學，所注經傳，時或異同。晉皇甫謐獨得其書。」疏又引《晉書》梁柳、鄭沖、梅賾傳授、奏上、施行之事。姚先生曰：「考其年歲，安國先卒，實不及見巫蠱之起。班氏特序其未立學官之故，非必即獻書之時也。」又曰：「沖遠尊信僞《書》，既誤以張霸之《書》爲馬、鄭之古文，復以馬、鄭所傳真古文爲僞書。惟以十六篇即十六卷，即鄭所開二十四篇。此説可據。」按：疏偁劉向、班固、劉歆、馬融、服虔、鄭玄、杜預皆不見古文，是以「逸」爲「亡逸」之「逸」，故曰「古文有《仲虺之誥》、《太甲》、《説命》等見在，而鄭注曰亡，其《汩作》等十三篇見亡，而注曰逸，是不見古文也」。又偁《孔傳》增多二十五篇，與鄭注曰逸者篇目不同，據僞孔《書》也。姚先生曰：「按『亡逸』二字，不知若爲分別。亡者，疑其書已亡；逸者，疑其散逸零亂，不能爲傳注也。」梁劉顯對任昉，以爲見其一二語則云逸，並一二語亦不見則云亡。近世毛奇齡云：「當時注曰逸者，以不列於學官。」閻若璩曰：「康成注《書序》，曰亡曰逸。逸者，孔壁《書》也。」又曰「孔《書》原未有《大序》與《傳》，馬、鄭《書序》所謂逸十六篇，絶無師説。及漢室中興，衛宏著《訓旨》於前，賈逵撰《同異》於後，馬融作《傳》，鄭玄作《注》，孔氏一家之學粲然矣。不意鄭氏而後，寖以微滅」云云。是閻意以馬、鄭所注爲真古文，但後又亡耳。而《釋文》云：「馬、鄭所注，並伏生今文，非古文也。孔氏之本絶，是以馬、鄭、杜預之徒皆謂之《逸書》。」是陸意謂孔氏五十九篇皆絶也。《隋志》亦云：「杜林、賈逵所傳，馬、鄭所注，惟二十九篇，又雜以今文，非孔舊本。自餘絶無師説。」疏謂庸生、賈、馬所傳孔學經文止三十三篇。古經無五十八篇及傳説，良由孔注散逸。今按鄭注曰：逸除《汩作》等十三篇，其餘篇目，馬、鄭所注，尚存釋文。故凡漢儒所謂「逸」，皆非謂亡逸，以此十六篇出於屋壁，號之曰《逸書》云爾。亦非因不立於學官謂逸，未列學官合四十六卷，不當僅十六篇也。但孔實未有傳注，故馬融謂「絶無師説」。唐陸氏、孔氏誤信僞《序》，謂孔有《傳》而疑馬、鄭，故致紛紜百端。愚竊斷以孔壁原本未亡，馬、鄭所傳難定，而孔本至晉、唐乃寖息耳。又《序》稱「五十九篇外，其餘錯亂摩滅，弗可復知，悉上送官」。故《疏》云：「以待能整理讀之者。」其可知者，固云以竹簡寫之，非不能讀也。孫氏誤會疏語，謂十六篇亦不能讀耳。《史記索隱》孔臧云：「臧聞《尚書》二十八篇，取象二十八宿，何圖乃有百篇邪？」劉歆移書太常博士，欲建立《古文尚書》，云學士因陋就寡，以《尚書》爲備。臣瓚曰：「當時學者謂《尚書》唯有二十八篇，不知本有百篇也。」此與孔臧語同意。據歆既責短世俗止知以二十八篇爲備，而欲建立古文，可知古文十六篇見在。又云：「藏於祕府，伏而未發。孝成皇帝閔學殘文闕，乃陳發祕藏，校理舊文。民間有膠東庸生，學與此同。」《藝文志》著《尚書古經》四十六卷，稱向以中古文校三家經文，又稱古文讀應爾雅。故《儒林傳》言以中書校張霸百兩，非是後黜。諸言古文《書》及古文明白如此，不知後儒何猶紛紛妄偁劉、班不見古文，科斗久廢，時人不識也。今謂《説文》未作，西漢諸儒得古文《書》不能讀，謂之逸，真影響也。且賈逵傳杜林《古文尚書》，撰《古文同異》，爲之作訓，而許君親受古文於逵。謂逵所傳即安國古文乎？是安國讀已得之，何謂十六篇不能讀也。許君自序曰：「《書》孔氏。」謂杜林、賈逵所傳非孔氏古文乎？則《説文》本賈逵而作，賈且非是，許君安得是乎？至於《禮記》，經二戴刪定，康成依盧植、馬融本作注，後以古文校之，取其義長者、順者爲鄭氏學。則《孔悝鼎銘》，鄭氏讀已得之。借使誤「興舊」爲「興舊」，其義亦難遽定。鄭君於許君，同世而差後，其注經也，嘗三引《説文》，又駁《五經異義》，則不用「舊」以爲説者，非不見古文也。借使古文《禮記》「興舊」果作「興舊」，鄭君於「舊」字下，何得不引《説文》以解之乎？此至明之徵也。考衛正叔《集説》凡引一百四十家，自鄭注、孔疏而外，原書今無一存者。所載釋鼎銘者，鄭、孔而外，方氏、馬氏、陳氏、應氏、陸氏數家，多唐宋以下人。若西漢諸儒誤讀之處，今無由知之，而曰「此其證也」，證安在乎？嘗試博考之，惠氏棟校《禮記》有云：「後人作《禮記》注，排觝先儒不識句讀，以『辟之勤大命』爲句，不辭甚矣。」此余得惠氏傳校本見之，惠氏書刊行本及《古義》中皆無之。惠氏所譏，自宗鄭讀，鄭讀「對揚以辟之」爲句，「對，遂也；辟，明也。言遂揚君命以明先祖之德也。」而短方氏、馬氏，方解「辟，蓋辭遜之也。對揚吾君之休命而不敢自當焉，故避之也」，馬解「銘於太常，祭於大烝，鼎乃王之鼎」，朱子曰：「方、馬二解，儘有好處。如以『辟之勤大命，施於烝彝鼎』爲句，極是。辟乃君也。以君之命銘彝鼎也。」其意亦譏朱子。今孫氏乃牽混以被之西漢諸儒，移形換響，以欺未學之人而已。是並惠氏之言尚未能解也。

惠氏曰：「《通俗文》惜不傳，蓋因南宋俗儒空談道學。凡有用之書，至南宋而皆亡矣。」此惠氏校《毛詩·小雅·都人士》釋文，引《通俗文》「長尾爲蠆」之語。按：李虔《通俗文》不過小學之支流餘裔，《通俗文》不知誰制，顔《家訓》、阮《七録》及隋、唐二《志》，説各不定。即以爲有用亦可。至南宋諸儒所得，豈止於此？斥之爲俗儒，則失是非之心矣。《一切經音義》引《通俗文》如「兩複爲帊」、「瘡瘢曰痕」、「段具曰鉆」、「出脬爲尿」、「疏門曰欞」、「欲燥曰曬」、「樹鋒曰杪」、「捫摸曰揩」、「縣鎮曰縋」、「埻土曰坌」、「入口曰哺」、「侏儒曰矬」、「咀嚼曰嚼」「沉取曰撈」、「去汁曰滰」、「物傷濕曰溦」、「小兒戲謂之狡猹」，凡如此等，皆於經義爲用甚尠。蘇子由有言，小學之事，有《集韻》、《類篇》二書，大體已備，況《説文》、《玉篇》、《干禄字書》、《九經字樣》等現存，其他唐宋人所著小學書甚衆，政無用張皇也。

莊氏炘曰：「古書亡於南宋，隋唐書目所有十不存一，當由空談性命之過。小學書自《方言》、《説文》、《廣雅》而外，僅存《玉篇》，已爲孫强所亂。後學鑽仰，惟陸德明《經典釋文》、李善《文選注》最稱博贍，引書數十百種」云云。

此莊氏炘《一切經音義序》之言。按：此序前云「此書自唐以來，傳注、類書皆未及引，通人碩儒亦未及覽。閲千餘年而吾友任禮部大椿、孫明經星衍，始見此書」，其言既已明矣。而此下忽云「亡於南宋，由空談性命之故」云云，不顧理實，並不顧自己前後言語脱節。此書之佳，在多引羣籍，藉存古書。然據阮氏《揅經室外集·提要》，稱雖著録《唐志》，實從《釋藏》中刊印，蓋其罕傳於世也久矣，非南宋始亡也。按《隋志》所有書目，盡於江都。王明清[一]《揮麈録》引唐杜寶《大業幸江都記》云：「煬帝聚書至三十七萬卷，皆焚於江都，其目中所有，蓋無一帙傳於後代。」元行沖、毋煚所上《羣書四録》、二百卷《古今書録》四十卷及天寶更造《四庫書目》、《開元書目》，《崇文總目》云四十卷。其所著録，經禄山之亂，尺簡

[一]「清」原作「卿」，據《宋書》本傳改。下同。

不存。《志》言「藏書莫盛於開元，其著録者五萬三千九百一十五卷，而唐之學者自爲書又二萬八千四百六十九卷，分甲、乙、丙、丁爲四部」。《玉海》言「兼不著録者言之，總七萬九千二百二十一卷。或云八萬九千六百卷」。《舊・經籍志》「凡四部書，兩京各一本，共一十二萬五千九百六十卷」。《新志》云「有名而無書者，十蓋五六」，「而俚言俗説猥有存者，亦有幸不幸與」。後元載及文宗時，鄭覃奏求書，於是四庫復完。昭宗時，祕書省奏原掌四部御書十二庫，共七萬餘卷，黄巢之亂，蕩然無遺。後唐莊宗同光中，募求獻書，又訪圖書於蜀，得《九朝實録》及他雜書千餘卷而已。五季時，右掖門三館，止十餘楹，書纔數櫝。《玉海》注云：「先是朱梁都汴，以今長慶門東北廬舍十數間，列爲三館。」建隆初，三館書僅一萬二千餘卷。及平諸國，收圖籍，江南、蜀最多。開寶中，參以舊書，爲八萬卷。太平興國二年，始於乾元殿東改建三館。三年成，詔賜名崇文院。雍熙中，建祕閣書庫，分内庫書籍藏之。館、閣並稱以此。昭文書庫在東廡，集賢書庫在南，史館、祕閣皆在西廡。宋以史館、昭文館、集賢院謂之三館，太宗别建崇文院，中爲祕閣，藏三館真本書籍萬餘卷，置直閣校理，仁宗復命繕寫校勘，以參知政事一人領之。書成，藏於太清樓，而范仲淹嘗爲提舉。上謂侍臣，今三館貯書，數雖不少，若觀《開元書目》，即遺逸尚多。乃詔以《開元書目》比校，闕者搜訪。自建隆至祥符，著録總三萬六千二百八十卷。八年，館閣火。九年，新作崇文院。景祐初，命張觀、李淑、宋祁編校，上經、史八千四百二十五卷。明年，上子、集萬二千三百六十六卷。復以書有謬濫不完，始命定其存廢，因倣開元《四部録》爲《崇文總目》。慶曆初，書成，凡三萬六百六十九卷。王堯臣上新修《崇文總目》，《通考》作六十四卷，《玉海》作六十卷，《中興書目》、《國史志》作六十六卷。然或相重，亦有可取而誤棄不録者。《長編》亦云「《總目》亦有可取而誤棄不録者」。〔二〕《四庫提要》云鄭樵《通志》專作《校讎略》攻之，亦有切中其失者，然終在樵所作《藝文略》上十倍也。錢大昕云：「天一閣有汪炤少山鈔本，其書有目而無叙釋，多注闕字，陳直齋所見即此本。題云紹興改定，今不復見題字。」竹垞謂紹興中因鄭漁仲之言，從而去其注釋，其説不確。熙寧、元豐以來，益事購求。政和七年，孫覿言今累年所得，《總目》之外，幾萬餘卷。別製美名，以更「崇文」之號，名曰《祕書總目》。宣和初，建局繕寫，一置宣和殿，一置太清樓，咸平二年，詔三館寫四庫書籍二本，一置龍圖閣，一置太清樓。太清樓建於興國四年。《東京記》云：「祥符初，建龍圖閣。」據《史志》，咸平初已建。一置祕閣，又詔搜訪闕書。至靖康之變，散失莫考。以上據《通考》、《玉海》撮其文。朱彝尊《明文淵閣書目跋》：「按宋靖康二年，金人索祕書監文籍，節次解發，見丁特起《孤臣泣血録》。而洪容齋《隨筆》亦云『宣和殿、太清樓、龍圖閣書籍，靖康蕩析之餘，盡歸於燕』」云云。紹興初，再改定《崇文總目》、《祕省續編四庫闕書》。紹興十七年，鄭樵按祕省所頒《闕書目録》，集爲《求書闕記》七卷、《外記》六卷。淳熙四年，少監陳騤編撰書目。五年，上《中興館閣書目》七十卷，計現在書四萬四千四百八十六卷，較《崇文》所載多一萬三千八百十七卷，復參《三朝史志》多八千二百九十卷，《兩朝史志》多三萬五千九百九十二卷，令浙漕司摹板。嘉定三年，編次《中興館閣續書目》，

〔二〕「長編」，道光本不誤而底本誤作「長篇」，今從道光本。

得書七百五十二家，八百四十五部，凡一萬四千九百四十三卷。十三年，以四庫之外書復充斥，詔張攀等續書目，又得一萬四千九百四十三卷。而太常、太史、博士之藏，諸路刻板未及獻者不與焉。由前而觀，隋唐書目所有屢經兵燹，聚散不常，或爲《崇文》所誤棄，厥跡昭然。由後而言，南宋所得書多於北宋數萬卷。《宋史·藝文志》「小學類」二百六部，一千五百七十二卷，而云隋唐書目所有之古書亡於南宋，由俗儒空談性命之故，鑿空妄説矣！又按：大觀中，祕書監何志同言「漢著《七略》，凡爲書三萬三千九百卷，隋所藏至三十七萬卷，唐開元八萬九千六百卷，慶曆間《崇文總目》凡三萬六百三十九卷。慶曆去今未遠也，按籍而求之，十纔六七，號爲全本者，不過二萬餘卷」云云。晁説之曰：「劉歆告揚雄云，三代之書，蘊藏於家，直不計耳，顧弗多邪。今有一《周易》，而無《連山》、《歸藏》；有一《春秋》，而無千二百國寶書及不修《春秋》；有卿士大夫諸侯禮，而天子之禮無一傳者。以隋、唐《經籍志》，吴氏《西齋書録》求之，今其存者有幾也？」葉石林《過庭録》曰：「承平時，三館所藏不滿十萬卷，公卿名藏書家多止四萬許卷，其間頗有不必觀者。惟宋宣憲擇之甚精，止二萬餘卷，而校讎詳慎皆勝諸家。吾舊所藏與宋氏等，而宋氏好書，人不多見者，吾不能盡得也。」宋人藏書之富，有宋宣憲、畢文簡、王原叔、錢牧父、王仲及荆南田氏、歷陽沈氏、譙郡祁氏，更曾彦和、賀鑄、方回。王明清《揮麈録》曰：「承平時，士大夫俱有藏書之名，今皆散佚。靖康俶擾，中祕所藏與士大夫家悉爲烏有。南渡後，惟葉少藴少年貴盛，平生好收書，逾十萬卷，置之霅山弁山弁山在湖州，有石林谷，葉卜居於此。山居，建書樓以處之，極其華煥。丁卯年，其宅與書蕩爲一燎。李泰發家舊有萬餘卷，亦以是歲火，豈厄會自有時邪？」隋《牛弘傳》論書五戹，魏華父言藏書之盛，未有久而不戹者。又《齊東野語》一條，近錢氏《養新録》一條，可知古籍散亡，古今事勢類然。漢學家毒忌宋儒，動以莫須有之罪歸之。世俗無聞者衆，眩於高名之游言，異書之難見，承虛易惑，將謂信然。吾故爲本之敦史傳記，著其實蹟以明之。大抵駁雜之書，爲大儒所不取則有之。若有用之書，稍有識者所不肯廢，南宋諸儒何能廢之邪？徐鍇《説文繫傳·袪妄篇》云：「前代學者所譏文字，此譏字，徐氏用太史公《十二諸侯年表序》。《説文》：「譏，誹也。」《玉篇》：「嫌也。」《孟子》「關市譏而不征」，趙注「察也」。《王制》「執禁以譏」，鄭注「呵察也」。此言疑而用察耳。蓋亦有矣。中興書闕，不可得盡。」鍇仕五季，精於小學，號最博洽，其言如此。又嘉祐中，蘇魏公編定《集賢書籍》，宋元憲謂曰：「知君校中祕書，皆以文字訂正，此正校讎之事也。」又曰：「文字之學，今世罕傳，《説文》之外，復得何書？」蘇以徐鍇《繫傳》爲對，公曰「某少時觀此，未以爲奇。其後兄弟留心字學，當世所有之書，訪求殆遍，其間論議，曾不得徐公之彷佛」云云。宋公在嘉祐中藏書最富，又精小學，其言如此。則謂小學有用書亡於南宋，由空談性命之過，不亦誣乎！又顧亭林氏謂：「洪武平元，所收多南宋以來舊本，藏之祕府，垂三百年，無人得見。」按：明自永樂間取南京藏書送北京，又命禮書鄭賜四出購求，沈景倩《野獲編》「訪求遺書」一條，疏略不詳。修《永樂大典》，共二萬二千八百七十七卷，目録六十卷，鋟版十三，抄本十七。朱國楨曰：「《永樂大典》，文皇命儒臣解縉稡祕閣書，分韻類載，以備檢考，賜名《文獻大成》。復以未備，命姚廣孝等再修，供事編緝者凡三千餘人，二萬二千九百三十七卷，一萬一千九十本，貯之文樓。世廟時三殿災，命左右趣出之，夜中傳諭三次，故得不毀。又明年重録一部，藏之大内。」我朝移之翰林院，今又移之文華殿。又《野獲編》云：「英宗北狩，而南京内署諸書悉遭火，凡宋元祕本，一朝俱盡，而北京所收如故也。」正統時，楊士奇修《文淵閣書目》十四卷。宣宗命楊士奇等輯《文淵閣書目》，第有篇名，而無卷帙、姓氏，稱缺略焉。其後内閣典司者，半係貲郎，於四庫之旨懵如，且秩卑品下，館閣之臣假閲者往往不歸原帙。值世廟而後，諸主多不好文，不復留意查覈，内閣之儲，缺佚過半。萬曆間，張萱更著目録，視前已十無二三，所增益者，僅近代文集、地志，其他唐宋遺編悉亡。又《野獲編》「先朝藏書」一條，言李繼先攘取，非楊升庵也。又明史官倪燦《明史·藝文志序》最詳，此序《明史》所載不全，盧文弨《集》中載之。我朝開四庫館，取四千九百四十六卷。經六十六種，史四十一種，子一百三種，集一百七十五種。

則南宋書留於明而未見者尚多，可得謂道學亡之乎？

戴氏曰：「衆家之書亡於永嘉，師承不絶獨鄭氏。後儒不足知其貫穿羣經以立言，又苦義疏繁蕪，於是競相鑿空。朱子嘗在朝與議『父在孫爲祖承重服』，退居時，檢得康成答趙商問，因謂王介甫《新經》出，士棄注疏不讀，卒有禮文相視茫如」云云。胡紘議寧宗爲孝宗服止應期，朱子心非之而無以折之，後見《鄭志》答趙商，乃有「諸侯父有廢疾，不任國政，不任喪」之問，而鄭答以「天子諸侯皆斬」之文，方定父在爲祖承重之服，因嘆「若無康成，此事終未有斷決」云云。

按：此事不過以《鄭志》一條爲朱子所嘆耳，而張皇賣弄門面弔場如此，殊覺淺陋。

鄭之可取與朱子之取鄭不止此一端，此正見朱子立心之大、取善之宏，而其不可從者仍不之從，斯又朱子析理之精也。戴氏此條本意蓋謂俗儒但知宗朱子，而朱子假非得吾家康成，則亦何所知，而今而後，爾曹可以知朱子之不足重，當亟舍之而來宗吾康成也。毒螫之恉蓋在言外，而豈知朱子固集羣儒之大成乎？

又曰：「後儒鑿空之説，歧惑學者，其弊有二：一緣詞生訓，一守訛傳謬。緣詞生訓，所釋之義非其本義；守訛傳謬，所傳之經並非其本經。」

按：此論是也，而亦宜分别言之。何者？若去義理，專以訓詁、小學説經，雖不鑿空，却成穿鑿。其緣詞生訓、守訛傳謬、歧惑學者更有甚焉。如諸漢學家所著書，十百條中不能一二得真得是，然無不各自矜爲得本經本意，誠有如荀悦《申鑒》所論云云，必也以義理、左驗兩者相證而折其衷，庶乎其不差耳。又諸漢學家皆譏義理爲鑿空，亦是詖辭。須知孔子繫《易傳》及子夏、子貢、孟子、《禮記》、《大學》、《中庸》諸篇及《孝經》等，凡引《詩》、《書》，皆不拘求訓詁。即漢儒如費直、匡衡亦然，不獨程子也。然而朱子訓詁諸經，一字一句，無不根極典謨，不如漢學家泛引駁雜，反指朱子引用正信者爲鑿空也。

段氏若膺曰：「義理、文章，未有不由考覈而得者。《中庸》：『君子之道本諸身，徵諸庶民，考諸三王而不謬，建諸天地而不悖，質諸鬼神而無疑，百世以俟聖人而不惑。』此非考覈之極致乎？聖人心通義理而必勞勞如是者，不如是不足以盡天地、名物之理也。後之儒者畫分義理、考證、文章爲三，區別不相通，其所爲細已甚焉。」

按：此宗旨專重考證，硬坐《中庸》此節爲考證之學，謬而陋甚。聖人所謂「考諸三王」云云者，政謂義理之相印，所謂若合符節，豈如漢學諸人以考證文字訓詁當之乎？閻百詩据《呂氏春秋》子夏辨三豕渡河事，稱爲聖門考校之學，既陋而可笑。其後段氏本之以發論曰：「校書何放乎？放於孔子、子夏。」信駁雜之説，標之以爲宗旨，並誣聖人，愈妄而愈陋矣。夫義理、考證、文章本是一事，合之則一貫，離之則偏蔽。二者區分，由於後世小賢、小德不能兼備，事出無可如何。若究而論之，畢竟以義理爲長，上聲考證、文章皆爲欲明義理也。漢學諸人，其蔽在立意蔑義理，所以千條萬端，卒歸於謬妄不通，貽害人心學術也。戴氏後猶知悔之。戴氏稱天下有義理之源、考覈之源、文章之源，後曰「義理即考覈、文章之源，義理復何源哉？吾前言過矣」云云。兹段氏復變本加厲，竟以考覈爲聖人之急務，方共蔑棄義理、文章，專事考覈。所謂未能識別然否，而輕弄翰墨，妄生異端，以行其説，愚誣甚矣。

曾子曰：「人之將死，其言也善。」戴氏臨終曰：「生平讀書，絶不復記，到此方知義理之學，可以養心。」此東原臨没時，與上元戴祖啓書所言，見戴本集。而戴祖啓與子衍善言，亦嘗述此語，衍善弟衍祥爲余言之。此與王弇洲臨没服膺震川，同爲迴光返照。蓋其天姿聰明本絶人，平日特爲風力陰識所鼓，不能自克，臨没之際，風力陰識之妄漸退而孤明炯焉。乃焦氏循又從而爲之辭以霾蝕之，作《申戴》極辨此爲非戴氏之言，且云「即如此，亦自爲戴氏之義理，而非宋儒之義理也」云云。夫古今天下，義理一而已矣，何得戴氏别有一種義理乎？此欲以美之，而不知反歸以惡也。

又曰：「由考覈以通乎性與天道，既通乎性與天道矣，而考覈益精，文章益盛，用則施政利民，舍則垂世立教而無弊。」

此段氏推尊戴氏之言，誕妄愚誣，絶不識世間有是非矣。無論戴氏蓋棺之論未及於此，即其所尊爲導師，自賈、馬、服、鄭、揚雄、蔡邕、許慎、孫炎、郭璞、張揖、劉熙諸人，可謂真能考覈名物、制度、訓詁、小學矣，而皆未聞其克通乎性與天道也。非惟不能，亦並未聞其嘗爲如是之言。此猶可見古人淳質，但自爲學而不敢以之别標宗旨，罔道迷人，取譏達學也。

閻氏曰：「秦漢大儒，專精讎校、訓詁、聲音。魏晉以來，頗改師法，《易》有王弼，《書》有僞孔，杜預之《春秋》，近有輯漢注《左氏》以易杜注者，本此論。范甯之《穀梁》，《論語》何晏解，《爾雅》郭璞注，皆昧於聲音訓詁，疏於校讎者也。疏於校讎則多訛文脱字，而失聖人之本經；昧於音聲、訓詁則不識古人語言文字，而失聖人之真意。若是則學者之大患也。隋唐以來，如劉焯、劉炫、陸德明、孔穎達等皆好尚後儒，不知古學，於是爲《義疏》，爲《釋文》，皆不能全用漢人章句，而經學有不明矣。宋儒出，而以心得爲貴，漢唐之説，視之蔑如。宋元以來，言北海則爲俗學，言新安則爲聖學，習尚久矣。」

此閻氏若璩序臧氏琳書語，專主漢儒讎校、文字、訓詁、聲音，而短魏晉以來師説，言殊乖謬，厥後段氏等諸人議論宗旨一本於此。或言臧氏書多爲其孫鏞所羼亂，此閻氏序亦其僞託。按：臧氏自言治經必以漢注、唐疏爲主，是並未嘗詆薄陸、孔。又特著陸、孔傳，稱其大節，謂較之北海鄭公、范陽盧公無愧，學者尤宜師法。不特《釋文》、《正義》二書爲千古模範，後世有徇利貪榮，苟免無恥亦自命爲經生，斯孔、陸之罪人也。又稱六經傳注當與六經正文共垂不朽，即僞孔、杜預、王弼，皆不能廢其言。平允信正，不與閻氏所説同見。則此序爲臧鏞僞託，或有然也。段氏、江氏等不能識真，以爲琳書閻説，因共附會之。范蔚宗有言：「千載不作，淵源誰澂？」則以漢儒章句爲即聖人之本經本義，在漢儒已自有不肯信者，如荀悦所論是也。而閻氏乃從千載下，經累代諸儒講辨，經學大明之後，方復欲主張追而復之，豈非乖謬不通，至妄之邪説乎？漢儒雖專精，然豈必皆是？當時五經，已各異義。魏晉以下雖疏昧，然豈必皆無足取？傳注具存，可覆以稽。閻氏乃欲全用漢人章句，譏二劉、陸、孔好尚後儒，不知古學，而獨推臧氏深明兩漢之學，此不過好生議論。假令唐賢當日或如今閻氏諸人之見，專搜輯漢注，於魏晉以下概從擯斥，則今日諸人，又不知若何嗟惜王輔嗣、杜元凱矣。夫謂北海爲俗學，此誠妄人，然實未聞宋元間有名儒却訾鄭學爲俗者，語既多誣。至因是發憤專主漢儒，盡斥魏晉以來，則亦悍然不顧，用罔不通，豈若朱子極推康成，又力尊魏晉諸儒注疏，兼收並取，惟是之從之爲允當乎？考臧氏之書，大率採取異本訛文脱字，凡數百十條，皆迂僻固滯，雖有左據，而義皆短拙。而閻氏推之，以爲「一字一句，靡不精確」；錢氏推之，以爲「實事求是，別白精審」；段氏推之，以爲「精心孤詣，所到冰釋，發疑正讀，必中肯綮」；江氏聲推之，以爲「學識邁軼唐初諸儒之上」。任意標榜，阿好亂道，雖取人貴寬，而事關千古學術，豈可以義理朦朧，自貽闇陋之譏乎？考漢學諸公，大抵不識文義，故於義理多失。蓋古人義理，往往即於語氣見之，此文章妙旨最精之説，陋儒不解也。如臧氏説《孟子》「夫子之設科也」，「子」爲「予」字之誤。不知此句若作孟子自道，則不特文勢弛緩不屬，令人索然，且似孟子自承認門人爲竊，大儒取友，乃收召無賴小人，汙辱門墻，害義甚矣。漢儒之説，所以有不可從者，此類是也。按趙氏注稱「孟子曰，夫我設教授之科」云云，又《章指》云「雖獨竊屨，非己所絶」，是殆直作孟子自認也。《論》、《孟》未經朱子訂正以前，如李翺《筆解》，東坡講「先進於禮樂」，韓愈論宰我、子貢、有若智足以知聖之汙等，多不可從，要當以義理長者爲定耳。《四庫提要·論語正義》下有云：「唐以前，經師授受，各守專門，雖經文亦不能畫一，無論注文。」然則臧氏所謂「有攸不惟臣」、「而齊后善歌」、「子曰義以爲質」、「博學於文」等，皆不可據。

《詩》「蕭蕭馬鳴」當爲「肅肅」，因引《毛傳》爲證。無論《開成石經》最劣，不足信據，而杜子美在前，已用「蕭蕭」，非石刻作「肅」，後人妄改加「草」也。即謂木版在大曆之世，而子美讀已如此，可知非後人刓改也。按：《六部韻》以蕭、肴、豪、尤爲一部，顧氏《古音表》以蕭、宵、肴、豪、幽爲一部，孔氏《詩聲類》以幽、尤、蕭爲一部，段氏《音均表》以尤、幽爲一部，而以蕭、茅等字隸之，皆以蕭就幽、尤。《離騷》、《九歌》，蕭讀若䐹，以韻憂，然音可通而義不可通也。《說文・艸部》「蕭，艾蒿也」，从肅得聲，《聿部》肅字訓「持事振敬」。《詩・烝民》「肅肅王命」，《小閔》「或肅或艾」，《書・洪範》「恭作肅」，訓皆同。《毛傳》「言不讙譁」，正形容得是時出師氣象及詩人措語之妙，言但耳聞馬鳴，目見旆旌，肅然不聞人聲，故以「不讙譁」雙釋二句。若肅專屬馬，則此傳止當在馬鳴一句下，旆旌是無知物，非有血氣，豈亦可以「不讙譁」詁之乎？要之，此詩連下文皆有肅意，政不必獨於馬用本義。故朱子移《毛傳》「不讙譁」於「徒御不驚」之下，而於下節「有聞無聲」，亦以至肅解之也。劉勰云：「詩人感物，聯類不窮，流連萬象之際，沉吟視聽之區。寫氣圖貌，隨物宛轉，屬采附聲，與心徘徊。故灼灼狀桃花之鮮，依依盡楊柳之態，杲杲爲日出之容，瀌瀌擬雨雪之狀，喈喈逐黃鳥之聲，喓喓學草蟲之韻。」由勰此論，則「肅肅」狀馬聲甚拙，不及「蕭蕭」字遠甚，非但失義，並失情景之妙。臧氏謂「蕭涼、蕭條」，則入近人辭氣，不知「風雨瀟瀟」亦非近人詩也。瀟，《說文》：「水名。」若詩人以狀風雨聲，則亦蕭涼意。又如段氏說《左傳》「人盡夫也」當爲「天」字之誤，不知此句緊對上文「父與夫」句作答，又以見其母爲機速婦人，一時相給，倉卒情事，不暇顧理，口角如繪之妙。若作「天」字，則是其母正告以三綱之義，分義至重，安得「人盡」云云，而方教之以背其天乎？按《儀禮・士喪禮》「期服」章疏「以其出嫁天夫」，閩本誤上「天」字爲「夫」。曹大家《女誡》：「夫者，天也。天固不可逃。」又錢氏大昕曰：「孟子說《北山》之詩，『勞於王事，而不得以養其父母』，此即小序也。惟小序在《孟子》之前，故孟子得引之。漢儒謂小序子夏所作，殆非誣矣。後儒去古益遠，欲以一人之私意窺測古人，亦見其惑矣。」錢氏此條，不過攻朱子不信小序之痼習，但學者辨論經義，必須樹義明確，證佐不疑，屹如堅壘，使不可敗。而每觀錢氏之發難，率影響彷彿，似是而非，莫須有，亦可謂疏拙而不善興戎者矣。如此條，孟子並無一言及小序，何得强据謂孟子引小序乎？孟子即據序，亦未嘗明言序爲子夏作，則安得謂序決爲子夏作乎？此與辨沈約《宋書》陶淵明事同爲罔人昧己之甚者矣。竊謂《詩》三百篇必皆有本事，舊説相傳，更在子夏之前，孔子、子夏、孟子必皆見之，不則孔孟亦安能據之爲説邪？但後人失其傳，而有誤説之者，故不可全据。至於今所傳作序之人，世遠莫考，只當闕疑。主張之以爲攻朱子鐵案，則出私妄而無識也。石林葉氏曰：「漢世文章，未有引詩序者，魏黄初四年，詔引《曹風》遠君子近小人，蓋詩序至是始行。」按：此亦未原其本。又吴中友人顧廣圻千里据宋刻坊本《列女傳》，按：即顧《百宋一廛賦》中所稱「南城廢殿本」也。余舊在阮儀徵公處見之，本前有錢受之題云：亂後入宫，得於廢殿廊下，内一紙夾書某月日於南城坊肆買進。蓋是宫人命一内官購於外者。此書「后稷」偶誤作「居稷」，因傳會鄭注，以爲《尚書》本作「汝居稷」，而阮氏元亟喜之，如獲明珠，以爲校書皆若此，真可寶，不愧讀書種子矣。愚按：古者臣亦稱「后」，如「羣后德讓」，《周書》「乃命三后」、「三后協心」。后者，君也。猶曰后夔、君奭也。《詩正義》曰：「稷之功成，實在堯世，其封於邰，是堯封之。」稷已封，故稱「后」；皋陶未封，故曰「作士」。吴氏引漢楊賜之言，以下文命皋陶作士，「作」之云者，輕之也，故不得與「后」同文。其言「輕之」語雖未融，而非以「居」與「作」對文明矣。若必如顧氏解，亦可稱「居夔」乎？后稷、居稷，無關要義，便文各讀，亦無不可。若必欲定於一，則如周公作詩，稱「時惟居稷」可也，曰「居稷呱矣」，尚可成辭乎？吾見此本沿俗誤字甚多，如「國」作「国」，「學」作「斈」，「天下」作「天卜」，其他脱誤，不可枚舉，皆沿坊本俗誤。乃阮氏重刊此本，悉從其誤而不敢易，毋乃過邪？朱子《韓文考異序》云：「祕閣官書，則亦民間所獻，掌故令史所鈔而一時館職所校耳。其所傳者豈真作者之手稾，而是正之者豈盡劉向、揚雄之倫哉？讀者正當擇其文理義意之善者而從之，不當但以地望形勢爲重輕也。」盧文弨曰：「毛斧季過信宋本，於其字之沿宋體者，亦規規然從之，此可不必也。」又何義門曰：「今人不揆義理，而惟宋本是信，不可解也。」又陳見桃「据《爾雅》，切、磋、琢、磨四者，各爲治器之名，非有淺深。朱子釋爲磋精於切、磨密於琢，殆强經以就己説」云云。按：《毛傳》雖本《爾雅》作四事解，然《爾雅》本以釋《詩》，訓詁之體，未暇釋意。武公作《詩》，子貢賦《詩》，不据《爾雅》。況《毛傳》云「道其學而成也，聽其規諫以自修，如玉之琢磨也」，亦本《大學傳》作二義，不析切與琢、磋與磨分言者，古人無此行文法，故貴以意逆志也。朱子釋之，至明而確，事理昭然，正合子貢之意。陳氏不諳文義，又不知説經與訓詁體例不同，又昧於事物之理而妄譏之，謬矣。

陳又言：「《我將》兩『右』皆訓爲助，朱《傳》解『右』爲尊，此好新之過，天與牛羊敘尊卑，真屬戲論。」按：解經好新，朱子所斥，漢學所尚，今反以誣之。訓「右」爲尊，本康成《禮記》注，非朱子新解。況所以解「右」字與舊説不同，朱子已自詳論其所以改之之故矣。陳氏皆未知而妄以箸書，以爲可以駁朱子，真不知量也。至謂以天與牛羊叙尊卑爲戲論，此輕薄無知之語。昔高貴鄉公問博士：「乾爲天，復爲金、爲玉、爲老馬，與細物並邪？」語意同此，皆不通之論。夫天與牛羊何嫌？況屬詞比事，本非均敵，將亦以此譏孔子爲戲論不知尊天乎？又「於『既右饗之』」，《集傳》云：『文王降而在此之右。』不知『此』字何指？文義難通」。按：《説文》「此，止也，从止从匕。匕，相比次也」，徐鍇《繫傳》曰：「匕，近也，近在此也。」古人文法，多用以指上文，如《易・繫辭》「爻也者，效此者也」云云，《老子》曰「吾何以知衆父之然哉？以此」。若用以指現在，則如《左氏傳》韓宣子曰「起在此」。賈誼曰「今令此道順」，則又以指下文。《詩・賓筵》「凡此飲酒」，鄭箋云：「凡此者，凡此時天下之人也。」則《集傳》所云亦謂降在此堂，何不通之有？新學説經，所譏於唐宋諸儒，謂經字日訛，經義不合者，數百十條，大抵斷截小文，媟黷微辭，皆若此類。雖非閎旨所關，而疑似亂真，姑舉此數條以見例，學者推類以盡其餘可也。至其顯失，則不待辨。

段氏叙臧氏《經義雜記》論文字、形聲曰：「魏晉間師法尚在，南北朝説音義家雖多而罕識要領，至唐顔籀作《定本》，陸氏作《經典釋文》，賈氏作《義疏》，皆自以爲六藝所折衷。究之，《定本》不可遽信，《釋文》、《正義》，其去取甲乙，時或倒置，經字之日訛，而經義何能畢合也？」又江氏聲序臧氏書論五經傳注曰：「唐初陸、孔專守一家，又偏好晚近：《易》不用費、孟、荀、虞而用王弼，《書》不用鄭氏而用《僞孔》，《左氏春秋》則舍賈、服而用杜預，漢學之未墜者，惟《詩》、《禮》、《公羊》而已。《穀梁》退麋氏而用范氏解猶可也，《論語》用何晏而孔、包、周、馬、鄭之注僅存，《爾雅》用郭璞而劉、樊、孫、李之注盡亡。尤可惜者，盧侍中《禮記注》足與康成媲美，竟湮没無傳。陸氏《釋文》雖頗采諸家異同之字，而不能別白是非，且或是非顛倒，遺誤後人。宋元以降，鄶下無譏矣。承斯後者，欲正經文，刊訛字，復訓詁，俾各還其朔，豈不難哉。」江藩《漢學師承記序》曰：「唐太宗命諸儒萃章句爲注疏，惜乎孔沖遠之徒妄出己見，去取失當。《易》用輔嗣而廢康成，《書》去馬、鄭而信《僞孔》，《穀梁》退麋氏而進范甯，《論語》專主平叔，棄珠玉而收瓦礫。宋承唐弊，而邪説詭言亂經非聖，殆有甚焉。至元明以來，此道益晦，長夜悠悠，視天夢夢。」近吳中沈君欽韓《初學堂集》亦言：「孔穎達者，賣國之諂子，枵然無得於漢學，蜣蜋之智，奉僞孔與杜預而甘心焉，排擊鄭、服不遺餘力。於是服氏之學，始歇終亡。」〔一〕又曰：「孔沖遠奉勑撰定《五經正義》，以昏髦之年，任刪述之任。觀其尚江左之浮談，棄河朔之樸學，《書》、《易》則屏鄭家，《春秋》復廢服義。」又論「杜預起紈袴之家，習篡弒之俗，無王肅之才學而慕其鑿空，乃絶智決防以肆其猖狂無藉之説。劉炫之《規》不足仆其短。」又曰「杜預以罔利之徒，懵不知禮文，蹶然爲之解，儼然行於世，害人心，滅天

〔一〕《初學堂集》，當作《幼學堂文集》。

理，爲左氏之巨蠹」云云。殆所謂習俗移人乎。

按：凡如此説，皆推衍閻氏之意，呰貶多誣，非止失平。竊謂唐初諸儒奉勑作定本、作義疏，勢不能紛沓百家，並然衆説，不定一尊以爲主體。若其去取，蓋亦有意，非徒師心自用也。一者其時傳本久軼不存，如費直以太傅説《易》，原無章句。《漢書·儒林傳》言無章句。《藝文志》言民間有費、馬二家之説。《釋文》言有《章句》四卷，殘缺。永嘉之後，施氏、梁丘之《易》，大小夏侯、歐陽之《書》，齊轅固之《詩》皆亡。《釋文》曰：「《公》、《穀》二傳，近代無講者。恐其學遂絶，故爲立音，以示將來。」然則非由唐賢偏好晚近而廢之也。一者當時棄短取長，原出衡鑒之公，如《詩》、《禮》、《公羊》並用漢注。至盧植《禮記》，康成依以作注，是已經鄭氏裁取。當日三《禮》並用鄭氏，至今儒者以爲允，則固不能又用盧注。唐初盧、鄭並存，後乃亡軼，非唐賢廢之也。賈、服《左》注，《隋志》言其浸微，孔沖遠稱其罕存。杜注之長，陸澄、王儉已共推崇，崔靈恩、虞僧誕、姚文安互相申難，則又非唐賢始尊之也。或云服注爲杜所攘，亦恐誣而非實。若使杜用服義，是服、杜固一家，衛冀隆及崔、姚諸人據何異同而申難乎？以此推之，則其不用者，非本無全書，必義短也。顔、陸、孔、賈學尚篤實，未必盡識見寡昧，不如今臧氏、段氏、江氏諸人也。其餘師説存者，多見本經注疏中，如何晏《論語解》並存包、張、周、馬、鄭八家之説，《詩》、《禮》、三《傳》義疏多存諸家之説，不得盡誣唐賢偏好晚近而廢漢儒章句矣。大抵論説經學，只當論其大體。唐人定注、定本，大體已得矣。至諸家傳本之異同及傳注之得失，縱其小失，不足以掩闕旨。今閻氏等譏《定本》、譏《義疏》、譏《釋文》，以爲去取失當，是非顛倒，遺誤後人，經字日訛，經義不合。按：《釋文序》云：「五經字體，乖替者多。如某某云云，直是字訛，不亂餘讀。」又云：「音堪並用，義可並行，或有多音，衆家別讀，苟有所取，靡不畢書，各題姓氏，以相甄録。」又曰：「余既撰音，須定紕繆，若兩本俱用，二理兼通，今並出之，以明同異。其涇渭相亂，朱紫可分，亦悉書之，隨加刊正。復有他經別本，詞反義乖而反存之者，示博異聞耳。」則陸氏之於經字，亦可謂不苟矣。近歸安邵保初曰：「六朝經義，散佚略盡，惟《經典釋文》巍然獨存。前止作音，惟陸氏兼釋經義；前止音經，惟陸氏兼音注。體例獨別於諸家，而能集諸家之成，故爲不刊之典。其中《周易音義》尤爲精博，雖以王弼爲主，而兼采子夏、京房、孟喜、馬融、鄭玄、劉表、荀爽、虞翻、陸績、王肅、董遇、姚信、王廙、干寶、蜀才、黄穎，旁及張璠《集解》十數家，視李鼎祚尤簡而賅。竊其微意，似嫌王注空虛，故博徵古訓以彌縫之。餘馬融《書》、韓嬰《詩》亦存其概。音訓之詳，無愈於此，非徐爰、沈重、戚衮、王元規輩可及。」《詩音義》舊有九家，陸氏訂爲一家之學。則吾見諸家所箸書具在，其說乖違若彼，於經字、經義果畢合乎？不顛倒失當、遺誤後人乎？士生後世，古籍日湮，網羅放失，兼而存之，斯文未陵，各有承業，跡其勤志，誠足嘉尚，而乃翻騰異說，橫暴先儒，是亦不可以已乎！

阮氏曰：「自東晉、劉宋至隋兼北朝，其間經史諸家皆是極精、極博、極勤敏之時，南北朝人學力之專、之鋭、之深，非後人所能窺企。中唐以後人蔑視六朝，按此蓋暗指韓公也。然韓公是論文論道。不知唐初諸經正義及勑修諸史，無不本於南北朝。人或攘或掩，實存而名亡。後人於南北朝之書多不能解，即如陸法言等之音韻分部，幸爲中唐以後人所不解，故未經攘亂。原注云：「韻學自國朝顧、江、戴、段諸君始明古法，窮極精力，皆在陸法言範圍之中。」其餘如三劉、熊、徐之於經疏，庾蔚之、崔靈恩之於禮服，呂忱、李登之於小學，徐廣、臧榮緒、姚察等之於史傳，皆非唐人所能及。唐初人猶讀南北朝之書，天寶以後，知其學者尟矣。」

按：此論至公，遠出前閻氏、段氏諸人之上，可謂儒林讜議矣。然考其徒，有宗主是説而推衍之者，其義又失，如詁經精舍所有諸人之説，今附辨訂之。其説曰：魏道武以經術爲先，北學始基，是時南學未起。又曰：北學自魏太和以後劉芳、李彪諸人始，至大儒徐遵明出，遂開後齊、周、隋之派。按：徐遵明康成《論語序》云：書以八寸策，誤作八十宗。〔一〕簡策，《左傳》疏最詳，須合《儀禮》及《中庸》疏觀之。鄭注《論語序》云：《易》《書》《禮》《樂》《春秋》，策皆二尺四寸，《孝經》謙半之，《論語》八寸策者，三分居一，又謙焉。按此《春秋》，國之策書，未修之《春秋》也，故不謙。然此等説不成義理，康成之蔽也。因曲爲之説。則亦不得謂北學皆可信。史稱魏、齊雅詁奥義，宋及齊、梁所不能尚。又曰：晉自渡江以後，至宋元嘉何尚之始創南學之目，迄梁天監遂盛。又曰：南人之學，紹兩晉風也。北人之學，述兩漢傳也。又曰：隋氏於《易》《書》《春秋》，徇南人之浮夸，捐北人之精實云云。按：六朝南北諸儒經學授受源流，詳見《北史·儒林傳序》及陸德明《經典釋文序例·注解傳述人》略備。今之議者，大略謂以六朝與唐人較則六朝勝，以唐人所爲《義疏》、《定本》、《釋文》、諸史皆本之六

〔一〕「八」原作「六」。據《北史》卷八十一《徐遵明傳》改。

朝也。此自確論。《困學紀聞》「雍熙中校九經，史館有宋臧榮緒、梁岑之敬所校《左傳》。杜鎬引貞觀勅，以經籍訛舛由五代之亂，學士多南遷，中國經術浸微，今並以六朝舊本爲證」。以六朝南北較則北又勝南，以北人能宗用鄭氏《易》《書》、服氏《左傳》也。此則專主漢學，祖閻氏之説也。其以爲之罪者，則謂當時重南而輕北，當時南人譏北人有「父康成，兄子慎」、「敢道孔聖誤，恥言鄭服非」之語。愚謂此論非誤，今之漢學皆爾。傳南而遺北，致使唐人作《易》、《書》、《左傳》疏不用服、鄭注。又明西亭王孫作《授經圖》，朱氏彝尊作《經義考》本之作師承一類，不及六朝人授受本末，實爲有闕。故後來諸人乘隙立論，以爲經學當宗六朝，於六朝又當宗北學也，其宗旨如此。愚謂南、北學之得失，孫盛、褚裒、支公、李延壽諸人已有衷論。若求之以實，則賈、服《春秋解詁》、《解誼》，當時與杜並存，而崔、姚諸儒已有駁難。鄭氏《易》、《書》，實於經旨正解爲短，唐人所定未便爲非。諸人之論耳食剿説，以張門户，於諸經經文實未嘗讀，諸儒注疏實未嘗詳玩，不過客氣好事，矯異矜名而已，非惟不能入宋儒之室，亦斷未能若唐賢之篤實也。《新唐書》於《啖助傳贊》推論趙、陸、啖、施穿鑿之弊，因曰「此可見新説無益，不知而作者之妄也。後之人惟當發明舊義，或先儒有偶闕者補正之，然已非天授之才不能，而往往喜逞私見，則愚而可憫者也」云云。此誠篤論已。

王氏曰：「讖緯之作，其來已久。孔子既叙六經，别立讖緯以遺來世，緯與經實相表裏，不爲大儒所棄。漢儒以緯書爲孔子所作。何焯曰：緯書中固亦有孔子之緒言在焉云云。此或然耳。全尊信之則謬妄矣。漢時詔東平王蒼正五經章句，皆命從緯。光武以讖興，故好之。此時主之偏見，豈聖人之正道乎！陳振孫已譏其甘與莽述同智。朱氏彝尊謂：『終東漢之世，以通七緯者爲内學，通五經爲外學。』謬妄如此，其時儒者學識可知。唐儒撰羣經正義，亦知遵信讖緯。陳氏曰：「隋唐以來，其學寖微。考《唐志》猶存九部。及孔氏《正義》或時援引。先儒蓋嘗欲删除之，以絶僞妄矣。」按孔沖遠固言緯文鄙僞，不可全信。蓋自漢以來，博古之士多喜習之，即有不深信者，亦未敢斥爲異端。按：孔安國、毛公皆不言緯，桓譚、張衡尤深嫉之。范蔚宗云：「桓譚以不善讖流亡，鄭興以遜辭僅免，賈逵能附會文字，最差貴顯。世主以此論學，悲矣哉。」《隋志》稱魏晉之世，王肅、王弼、杜預皆不信之。宋大明、梁天監、隋高祖皆切禁之。煬帝即位，乃發使搜天下書籍與讖緯相涉者，皆焚之，爲吏所糾者至死。自是無復其學，祕府之内亦多散亡。今録其見存者於六經之下，以備其説。自歐陽修有《論九經請删正義中讖緯劄子》，而魏了翁作《九經正義》盡削去之，[一]自後學者同聲附和，而讖書遂致散佚，良可嘆惜也。按：康成用讖，取譏先儒。王厚齋譏《宋書·符瑞志》，謂沈約無識。陳氏、晁氏皆云：使其尚存，猶學者所不道，況其殘闕不完，於僞之中又僞者乎。朱氏《毖緯》姑存之，以備凡目可也。王氏此一嘆惜，殆於贊邪害正之甚者矣。而朱子注《論語》，『伏羲龍馬負圖』，注《楚詞》，『崑崙者地之中也，地下有八柱』云云，是亦不盡棄其學。此引朱子，所謂重言，欲假以間執人口。不知義理則當遵正軌，考證則不廢旁稽。古書流傳，典故間有可信，不妨引徵，與立意宗之，其旨自别。而歐陽氏、魏氏欲皆去之，所謂因噎廢食也。不知緯與經原無大異，經所不取，政當以緯補之。

[一]《九經正義》，當作《九經要義》。

朱氏《毖緯》一篇至精博，但不推本經義，證明其說，恐仍未能息羣喙也。今故復申辨，以祛淺見之惑。」

此王氏昶《跋韓敕孔廟禮器碑》，所引緯書百數十條，以爲足證經傳。辨則辨矣，博則博矣，然余即其所引按之，皆駁雜之説，無一語一事足明聖道政教之用，足資人事身心之益，豈若經文字字典常，修己治人之方，宰世經物之具，信如寒暑，昭如日星，循之則吉，悖之則凶者乎？漢學不信危微傳心之要、格物窮理之學、克己求仁之方，而主訓詁小學、主考證，或舍經文，專争傳注，主其同己，非其異己者。惟憑智以狥私，不因心以會道，欲由此路引入，以濟其變亂常行之術。最怪陋者則如此表章讖緯，極矣！《李尋傳》「五經六緯」，言緯始於此，故張衡言「緯始哀、平」。又《王制正義》鄭釋《春秋運斗樞》云：「孔子雖有盛德，不敢顯然改先王之法，以教授於世，陰書於緯以傳後王。」按：康成鄙倍至此，以義理言之，豈得與程朱並稱？矧緯書並非專言改法，孔子又豈悍然必欲改先王之法者？其告顏子語已明盡，無所隱諱也。善注《文選》引孟康曰：「聖人作經，賢者緯焉。」吾謂作緯者豈曰能賢？可參檢《桓譚傳》注、《張衡傳》。

錢大昕氏曰：「通儒顧亭林、閻百詩、陳見桃、惠天牧諸先生出，始篤志古學，研覃經訓，由文字、聲音、訓詁而得義理之真，臧氏亦其一也。」

按：此亦錢氏叙臧氏琳書語。其述漢學師承不爽，惟「得義理之真」一語，恐五百生墮野狐身耳。

江藩曰：「三惠之學興於吴，江永、戴震繼起於歙，從此漢學昌明，千載沉霾，一朝復旦。」

汪中曰：「諸儒崛起，接二千餘年沉淪之緒，通儒如顧、閻、梅、胡、惠、戴，皆繼往開來，至戴氏集其大成。」

按：自始皇元年至今二千一百餘年，上溯周敬王壬戌孔子卒二百三十三年。此云「接二千餘年沉淪之緒」，是直繼孔子之統，又不數秦、漢、魏、晉、六朝南北諸儒矣。是殆因伊川《明道墓誌》「先生生乎千四百年之後，得不傳之緒於遺經」云云及朱子稱程子因子思《中庸》「得孔孟不傳之緒」、羅璧《識遺》稱「夫子之道，至晦翁集大成」；諸家經解，自晦翁斷定，然後一出於正」等語而妒之，故爲此語以敵之，而不顧其言之莫亶，人之弗堪也。

以上略舉諸説，以見漢學家宗旨議論，千端萬變，務破義理之學，祧宋儒之統而已。

漢學商兑卷下

於《易》則有胡渭《易圖明辨》，惠士奇《易説》，惠棟《周易述》、《易漢學》、《易例》、《周易本義辨證》，洪榜《易述贊》，張惠言《虞氏義》、《虞氏消息》。惠氏士奇曰：「漢儒言《易》，如孟喜以卦氣，京房以通變，荀爽以升降，鄭康成以爻辰，虞翻以納甲，其説不同，而指歸則一，皆不可廢。今所傳之《易》出自費氏，費氏本古文，王弼盡改爲俗書，又創爲虚象之説，而古《易》亡矣。易者，象也，聖人觀象而繫辭，君子觀象而玩辭，六十四卦皆實象，安得虚哉？」

江氏藩曰：「永嘉以來，鄭玄、王弼二注列於國學，至南齊用鄭義，隋唐專主王弼而漢晉諸儒之注皆亡。惟唐李氏《集解》博採諸儒之説，如孟喜、京房、馬融、鄭玄、荀爽、劉表、宋衷、虞翻、陸績，略存一二，於是卦氣、六日七分、游魂、歸魂、飛伏、爻辰、交互、消息、升降、納甲、之變、半見等例，藉此可以推尋。無如王韓清談，程朱理學錮結人心，或詆爲穿鑿，斥爲邪説，先儒古義棄如土梗。夫漢儒之説以商瞿爲祖，商瞿之説，孔子之言，可謂之穿鑿邪説哉？自王、韓之書行二千餘年，無人發明漢時師説，東吴惠氏起而導其源，疏其流，於是三聖之《易》漢學家主張《管輅傳》，皆以爻辭爲文王作，無周公《易》，故止稱「三聖」。昌明於世。國初老儒，如黄宗羲《易學象數》雖闢陳摶、康節之學，而以納甲、動爻爲僞象，又稱王輔嗣注簡當無浮義。黄宗炎《周易象辭》、《圖書辨惑》亦力闢宋人，然不專宗漢學，非篤信之士也。」

按：許叔重《説文解字》所引壁經古文率多異字，顧亭林氏謂「以今經校則《説文》爲短」。《説文》引《易》孟氏，古文也。西京時劉向校書，以中古文較施、孟、梁丘之《易經》，或有脱字，惟費氏經與古文同。云有脱字不云異，其所爲古文也。鄭氏實傳費《易》。輔嗣之注用康成本，則雖改爲俗書，其經義固不異。如惠氏棟《九經古義》所甄録古文，大抵字異而義無異者也。至於《易》本實象，實象之説，本之朱子。非虚象，較《略例》所論，固最得理。然輔嗣之斥互體、卦變、五行僞説滋蔓，非無見也。孔沖遠奉詔作疏，獨用王注，廓清千古，誠有功於四聖。長孫輔機等無識，〔一〕其作《隋志》，嘅嘆鄭學，不過仍王儉、陸澄之餘論而已。趙紫芝詩曰「輔嗣《易》興無漢學」，意深惜之，而鄭樵遂謂王、韓之學浮於桀、紂，鄭又本之范甯，甯謂王弼、何晏罪深於桀、紂。似皆偏而失當，不如朱子本義理説《易》而求實象，亦不廢之變爲得《易》之本義，但不用漢儒爻辰、納甲、飛伏諸邪説耳。《困學紀聞》云：「程子言《易》，得其義則象數在其中。朱子以爲先見象數，方説得理，不然事無實證，則虚理易差。」据此，則惠氏實象之説，固朱子之説也。如惠氏、江氏之言，則門户習氣之私太甚。姑勿與深論是非之精微，祇盡祛魏晉以來儒説而獨宗漢《易》，惠氏《易

〔一〕「機」原作「畿」。據《舊唐書》卷六十五《長孫無忌傳》改。

漢學》，《孟易》一卷、《虞氏》一卷、《鄭氏》一卷、《京氏》二卷、《荀氏》一卷。《周易述》以荀、虞爲主，參以鄭氏、宋咸、干寶諸家。此非天下之至蔽者斷不若是之詖；學《易》而專主張游魂、歸魂、飛伏、爻辰、交互、升降、消息、納甲等説，此非天下之至邪者斷不若是之離；謂漢人所説皆伏羲、文王、孔子三聖人之本義，此非天下之至愚者斷不若是之誣。夫以京、孟之邪説荀、虞《易》即孟《易》。駕之商瞿，因復駕之孔子，誣誣甚矣！孔子《十翼》具在，有一語及於納甲、飛伏、爻辰等説哉？漢儒之《易》，謂兼存一説則可，謂三聖之本義在此則不可。且孔子學《易》寡過，而孟喜背師，京房殺身，豈《易》之用哉？又按：《困學紀聞》卷首説《易》，何義門引劉屏山之語譏之曰：「才士口《易》，賢人玩《易》，聖人踐《易》。」劉本作「忘」，余易「踐」字。此卷其諸口《易》乎？厚齋所説，雖不出雜博，然尚多格言精義。若今諸妄人所箸，則求一得力之義不可得，而《易》之爲書，乃成異端邪教矣。管輅曰：「善《易》者不言。」《荀子》曰：「善《詩》者不説。」況可横議如是也哉？張楊園曰：「程子謂《春秋》一經，先儒學未及此而治之，故其説多穿鑿。」竊謂《易》之失賊亦如此。聖人全體是《易》，是以作《易》。後之學者，須是本儒先之言，以求聖人之意，本聖人所示之理，驗諸日用事物之間，見善則遷，有過則改，求其所謂「其要無咎」者，慎無輕立説，以蹈不知妄作之失也。

言《易》而與程朱異旨者尚有數派：如力闢圖象，則毛奇齡、黄宗炎、胡渭；宗虞氏，則胡渭、黄宗炎、惠棟、趙繼序、張惠言；崇鄭學，則沈起元、魏荔彤、王宏、錢澄之、惠棟；論變通，則連斗山、毛奇齡；說升降，則刁包、喬萊；而毛奇齡《仲氏易》、《推易始末》、《春秋占筮書》、《易小帖》四書，以變易、交易、反易、對易、移易論《易》。凡此皆漢學之支流雜派也。

於《書》則有閻若璩《古文疏證》，胡渭《禹貢錐指》，惠棟《古文尚書考》，宋鑒《尚書考辨》，王鳴盛《尚書後案》，江聲《尚書集注音疏》、《經師系表》。江藩曰：「自孔氏《正義》取僞《孔書》，而馬、鄭之注皆亡。國朝閻、惠出而僞古文寖微，馬、鄭之學復顯於世矣。如胡渭《洪範正論》雖知僞古文，而闢漢學五行、災異之說，是不知夏侯始昌《洪範五行傳》亦出於伏生，非真能信漢學者也。」

按：《僞孔古文書》至閻、惠諸家書出，舉世皆知，已有定論。晉鄭沖所得五傳，以授梅頤，乃奏上，列於學官。梁、隋間諸儒爲作義疏。唐孔氏本之作《正義》，唐代大行。今所傳是也。然如若「藥弗瞑眩」則謂因於《孟子》；「人心惟危」二句則据《荀子》，以爲出於道經；「高宗諒陰」，孔子引之，而乃云出於《國語》；「爾有嘉謀嘉猷」，《坊記》、董仲舒引之，是時未有僞古文也。然則攻僞古文者，皆強爲周內，以全抹摋之耳。王白田懋宏以爲僞《尚書》不可廢，此爲持平之論。至於馬、鄭之注存於他書者，王氏所輯《後案》具有成書。以愚觀之，豈必能得二帝三王之意乎？第以爲存古書可也。

於《詩》則有惠周惕《詩説》，戴震《毛鄭詩考》，陳啓源《毛詩稽古編》，〔一〕顧棟高《毛詩類釋》，范家相《三詩拾遺》〔二〕，錢坫《詩音表》。江氏曰：「王肅、王基、孫毓、陳統互相申難，皆本毛、鄭。自漢及五代，未有不本毛公而別爲之説者。有之，自歐陽修《詩本義》始，於經義毫無裨益，專務新奇，首開妄亂之端，於是攻《小序》、《大序》者不一其人，《毛傳》、《鄭箋》棄如糞土。至程大昌之《詩論》、王柏之《詩疑》，變本加厲，直斥之爲異端邪説可也。」

按：王柏删《詩》，罪無可逭，斥之爲異端邪説，是也。近人攻朱子者，或罪柏爲妄，謂朱子實啓之，或挾柏爲功，用證朱門之人且不遵朱子，以爲口實，皆非正論，所謂項莊舞劍，志在沛公者也。愚謂朱子自是，王柏自非。史臣贊之無識，許謙疑之是也，陳師道信之非也。至於《小序》，自歐公、朱子後，争者甚衆，而馬端臨辨之尤力。余别有辨。若夫毛、鄭異同，昔人雖有專書，平心而論，《毛傳》得是者多，但語意渾涵，人多誤會耳。《鄭箋》時有牴牾，不如毛義爲長。蓋康成初通《韓詩》，又注《禮》時未見《毛傳》，後作《毛傳箋》，却多用《禮》説，所以有不合。後人各主一家，互相申難，誠不得已。而近世學者或妄謂鄭皆同毛，詆孔疏爲不得理。《毛詩正義》鄭箋下引《六藝論》云：「注《詩》宗毛爲主，毛義若隱略，則更表明，如有不同，即下己意，使可識别。」据此説，則謂鄭皆同毛及守疏不破注之

〔一〕「陳啓源」，「陳」字原誤作「程」，今改正。

〔二〕「范家相《三詩拾遺》」爲江藩《國朝經師經義目録》所無，乃方氏所增。

說，皆不根之言也。近人旌德胡承珙作《毛詩後箋》，自言「墨守《傳》義，爲之既久，然後知《箋》之於《傳》，有申毛而不得毛意者，有異毛而不如毛義者。若唐人作疏，尤欠分曉，或《箋》本申毛，而以爲易《傳》，或鄭自爲說，而妄被之毛，至毛義難明，不能旁通曲暢，輒以《傳》文簡直四字了之而已」云云。按：此說勝於妄謂鄭皆同毛者。此袒鄭之陋習，誣妄而不顧其安者也，不足與辨矣。王文簡云：「《詩小序》必不可廢，古今通儒論皆如此。然如郝楚望之每一詩必駁朱子，亦自不可。」按：文簡於經術甚疏，此等特爲調停之論，門面弔場語耳，非真有所見於《序》之當廢與否，朱子之所以不可攻之處也。又云「常熟顧大韶欲刊一書，用《毛傳》爲主，毛不可通，然後用鄭，毛、鄭必不可通，然後用朱，毛、鄭、朱皆不可通，然後網羅羣說而以己意折衷之。嚴粲《詩緝》作於朱注之後，獨優於諸家，若《大全》之作，敷衍朱注，全無發明」云云。愚謂此襲康成之論，但門面好看耳，不知其果有憂於經義之未盡，必不容已，而欲求聖人之旨以恐誤來學邪？抑覓得此題，自矜有知，苟以取名邪？毛、鄭、朱皆不得通，而必待己始通邪？夫《詩》之爲教，孔子言之已詳，而果於興觀羣怨、事父事君、無邪之旨、奉使之才、登高能賦、授政能達一皆優裕，而以其餘閒憂毛、鄭、朱之誤學者、害經義，不得已而必正之邪？凡後人之强欲箸書說經者，吾請皆反之於此，而告以聖人之言，曰：「夫我則不暇。」《書》曰：「不惟不敢亦不暇。」又按：朱子《歐公事迹》曰：「公嘗謂前儒注經，惟其所得之多，故能獨出諸家而行於後世，而後之學者各持好勝之心，務欲掩人而揚己，故不止正其所失，雖其是者，一切易以己說，欲盡廢前人而自成一家，此學者之大患也。故公作《詩本義》止百餘篇而已，其餘二百篇無所改易，曰毛、鄭之說是也，復何云乎？」見《大全集》第七十二卷。

於《三禮》則有沈彤《周官禄田考》，惠棟《禘祫說》，江永《周禮疑義舉要》，戴震《考工記圖》，任大椿《弁服釋例》，錢坫《車制考》；張爾岐《儀禮鄭注句讀》，〔一〕沈彤《儀禮小疏》，江永《儀禮釋宮譜增注》，褚寅亮《儀禮管見》，金曰追《儀禮正譌》，張惠言《儀禮圖》，淩廷堪《禮經釋例》；黄宗羲《深衣考》，惠棟《明堂大道録》，江永《禮記訓義擇言》、《深衣考誤》，任大椿《深衣釋例》。三禮總義則有惠士奇《禮説》，江永《禮經綱目》，金榜《禮箋》。江氏曰：「自晉及唐，《三禮》皆用鄭注。至宋儒潛心理學，不暇深究名物制度，所以於《禮經》無可置喙，然必欲攻擊漢儒，僅於《周禮》中指摘其好引讖緯而已。南宋以後，始改竄經文，補亡之説興矣。《士禮》十七篇，文詞古奥，宋儒畏其難讀，别無異説。至敖繼公始疑《喪服傳》非子夏所作，而注文隱攻鄭氏，於是郝敬之臆斷，奇齡之《吾説》起矣。延祐科舉之制，《易》《詩》《書》《春秋》皆以宋儒新説與注疏相參，惟《禮記》則專用注疏。至陳澔乃爲《集説》，不從鄭注，於是談《禮》者皆趨淺顯，不問古義矣。國朝如萬斯大、蔡德晉、盛百二雖深於《禮經》，然或取古注，或參妄説，謂朱子。吾無取焉。方苞輩更不足道矣。」

按：諸儒之於《禮經》，誠爲盛業。然朱子於《儀禮》用功甚深，而於《叙録》絶不齒及，或參其説，即無取，可謂公是乎？任釣臺翼聖曰：「朱子輯《儀禮經傳》，凡《詩》《書》《周禮》《禮記》以及漢儒劉向、劉歆之説，皆備輯之。」

〔一〕張爾岐，「岐」字原誤作「歧」，今改正。又上文「惠棟《禘祫説》」衍「祫」字，下文「江永」《儀禮釋宮譜增注》衍「譜」字，皆仍江藩《國朝經師經義目録》之誤。

阮氏元曰「賈疏《周》、《儀》二《禮》，發明鄭學，最爲精覈。惟自六朝至今，説二經者甚多，其精義及制度、術算、文字、訓詁多有出於賈氏之外者，皆可採擇。至康成亦間失經旨，而三鄭亦或有異同，撰疏者若守疏不破注古法，難決從違」云云。

按：此阮氏之説，可謂卓然不易偉論矣。蓋《三禮》專主制度名物，此自漢學勝場，況又能不拘注疏舊法，兼收博取，實事求是，論學皆能若此，固萬世之眼目矣。但任此者，不易得其人耳。

於《春秋》則有顧炎武《左傳杜解補正》，馬驌《左傳事緯》及《附録》，陳厚耀《春秋長曆》、《世族譜》，惠棟《左傳補注》，沈彤《左傳小疏》，江永《春秋地理考實》。三傳總義則有惠士奇《春秋説》。江氏曰：「宋以後貴文章，治《左氏》，《公》、《穀》竟爲絶學。阮君伯元云：『孔君廣森深於《公羊》之學。』然未見其書。」

按：《左傳》與《毛詩》在漢代興之最晚，而傳之獨盛。哀、平之季迄於東漢，爭《左氏》者，若劉歆、鄭興父子、尹咸、陳元、范升、賈逵、鄭玄詳矣。六朝及唐，亦惟治《左氏》者較盛，故陸德明謂「二《傳》近代無講者」，則非自宋人始。漢學家非不知之，特欺世無聞而篤以誣宋人爲之罪耳。且貴文章亦不自宋以後，而《公》、《穀》亦未嘗非文家所貴，此則非漢學者所及知耳。其爲之注者，服氏旣存，惟杜爲甲，孔沖遠已自云爾，則世人罪唐人作疏、棄服用杜者亦誣也。詳見中卷。至何休《公羊解詁》，悖理傷教甚衆，康成《發墨守》於前，劉原父《權衡》於後，以及蘇、吕、晁、黄之書，既明且允。今或有祖述何休爲專學者，則客氣好事，豪舉而已。大抵争《春秋》者有二：一則争《傳》以衛經，一則争《注》以衛《傳》。究之啖、趙、陸、胡與夫賈、服之注，有微有顯，聽世興行。近人攻杜預，惜麋信，輯賈、服，紛紛箸述，志亦勤矣。迄不知於游、夏所莫贊者，果能通其旨乎？似不如大義數十，炳於日星之論爲有裨於治教王綱耳。

於《四書》則有閻若璩《四書釋地》，江永《鄉黨圖考》，戴震《孟子字義疏證》，劉台拱《論語駢枝》，毛奇齡《四書改錯》、《大學證文》，〔二〕錢坫《論語後録》。

按：如《四書釋地》、《鄉黨圖考》，誠爲朱子功臣。故凡爲學，但平心求是，補正前賢，是前賢之所賴，而望於來世之有其人也。若用心浮淺，又挾以門户私見，叫囂呵斥，惟以能詆訾前哲爲争名自矜之計，則無論其言未是，即是亦不成氣象矣。朱子《四書集注》惟重發明義理，以訓詁、名物注疏已詳，不復爲解，故曰：「邢昺《論語疏》集漢魏諸儒之説，其於章句、訓詁、名物之際詳矣。學者讀是書，其文義、名物之詳，當求之

〔二〕「論語駢枝」原誤作「四書駢枝」，今改正。又「毛奇齡《四書改錯》、《大學證文》」爲江藩《國朝經師經義目録》所無，乃方氏所增。

注疏，有不可略者。」又曰：「漢魏諸儒正音讀，通訓詁，考制度，釋名物，其功博矣。學者苟不先涉其流，則亦何以用力如此。」按：臧氏玉林曰：「治經必以漢注唐疏爲主。曰此其本原也。本原未見，而遽授以後儒之傳注，非特理奧有不能驟領，亦懼爲其所隘也。」諸人推此以爲臧氏宗旨，矜爲獨出，不知皆朱子緒言也。且臧氏懼爲所隘，遂逃而去之，終身不復求之理奧，此所以蔽也。又曰：「本之注疏，以通其訓詁；參之《釋文》，以正其音讀；然後會之諸老先生之説，以發其精微。」按：漢學家惟删此一層，遂差失離畔而去。據此可知朱子非廢訓詁、名物不講，如漢學諸人所訾謗也。大抵爭《四書》者，於《大學》欲復古本，去「格致補傳」。此自宋代以來紛紜甚衆，不始於今日。於《論》、《孟》欲删《集注》。此創於黄震，後顧氏和之。或訾《集注》未當，別自改爲注説；此自毛奇齡、戴震以來，學者多輕爲之。竊謂自唐人定注疏，《論語》所取包、張、周八家之説，後如唐宋諸家所有解義，皆經朱子訂取，幾於「曾經聖人手，議論安敢到」者。蓋朱子於他經固皆極精微，而於《四書》尤其平生全力所萃，故既爲《集注》，又爲《或問》，以發其所以裁取之意，幾經審諦，而後定著。後人甫得一粗解，便矜爲獨出，不知是其所再三研慮而簡別不肯用者也。任釣臺曰：「《章句》者，朱子逐字稱停之書，《或問》朱子自作，與《章句》相表裏。」孟瓶庵言「今人未毁齒便讀朱注，後來略見別解，却痛詆程朱」，此言誠足爲大戒。又云「毛西河攻擊程朱不遺餘力，其所最以爲得手者，以程子言『性中只有仁、義、禮、智，曷嘗有孝弟來』，以爲初入學時便不喜此語。考朱子《答范伯崇書》一條，當日已明辨之。毛氏不知，以爲獨出之見，可以詆訶程子，其亦愚而不知量也已」。錢大昕氏《養新録》記此條，既引朱子之言，仍譏程子爲失，則其蔽昧不可解曉，其識遠出瓶庵下矣。因憶先師《惜抱軒筆記》有一條，説《孟子》「必有事焉」，以爲程子及程門諸賢説此皆從心體上説，朱子他處亦多取之，至《孟子集注》乃云「必以集義爲事」，似是誤也云云。按：《大全》五十八卷《答張敬之書》論「必有事焉」，以爲「此一段依《孟子》本文，只合就養氣上説，《集注》言之備矣。明道移就持敬上説，工夫雖密，卻是養氣前一段事，恐不若且依《孟子》看也」。又六十一卷《答林德久》亦云：「《孟子》上下文無敬字，只有義字。程子是移將敬字上説，非孟子本意也。」陸清獻曰：「朱子雖有取程子之言，而至講『必有事焉』、『繼之者善』之類，則不從其説。是何等權度。」据此，乃益信學者不可輕議《集注》。「必有事焉」乃是過脈，結上起下文法，言固必有事於集義，而又不可豫期助長耳。玩此則「有事」句不得滯講，如他處説心體上之言。惜翁似因禪家云「有事於心，無心於事」之語，故疑之耳，然《孟子》語非如此也。又按：程子論「必有事焉」，與《中庸》鳶飛魚躍同活潑潑地。朱子新舊兩説亦極盡權度，以後説爲是。顧亭林疑「仁者安仁」《集注》引上蔡説不當，欲去之。不知上蔡語雖似少溢，固爲安字解，若亭林所引《太甲》顏子，非安仁之事也。又劉台拱《論語駢枝》解「文莫猶人」，引《説文》、《方言》、《廣雅》，以「文莫」爲勉强似也，而以躬行君子爲由仁義行則非是。由仁義行，乃安行事，躬行君子，是學者踐迹事。又錢氏大昕斥《孟子集注》「好名之人」章不用趙岐，爲失《孟子》之旨。按：趙岐《章指》言廉貪相殊，名亦卓異，故聞伯夷之風，懦夫有立志，是就能廉衍説。朱子解則謂真能取義之人少耳。蓋觀人之法，《孟子》之旨在言外，錢氏何足以知此哉？凡漢學考證家好攻《集注》，而説著義理無不錯者，如此類不可更僕，姑舉一二，學者詳之可也。

或屏《集注》禁子弟不許讀；某氏**或斥不應立有《四書》之名；**汪中○按：朱子卒於慶元六年庚申三月。越十二年嘉定辛未，劉爚爲國子司業，奏乞開僞學之禁，刊《四書》於太學。理宗淳祐十一年，真德秀乞進讀朱熹《大學》、《中庸》章句，《論語》、《孟子》集注，此《四書》之始也。《四庫提要》曰：「《論語》、《孟子》舊各爲帙，《大學》、《中庸》，舊《禮記》之二篇，其編爲《四書》自宋淳熙朱子始，其懸爲令甲則自元延祐復科舉始，古來無是名也。然朱子書行五百載矣。趙岐、何晏以下，古籍存者寥寥；梁武帝《義疏》以下，散佚並盡。元明以來，爲《四書》者甚衆，《明史·藝文志》別立「四書」一門，蓋循其實焉。朱彝尊《經義考》於《四書》之前仍立《論語》、《孟子》二類，黃虞稷《千頃堂書目》凡説《大學》、《中庸》皆附於『禮』，示不去餼羊之義」。按此即汪氏之所以藉手。

或於《中庸》別改章段；李光地○按：安溪平生事事學朱子，如依樣葫蘆然者，而其所著書則皆暗與朱子立異。如《論》、

《孟》則有《劄記》，《大》、《中》則有《章段》，《易》有《觀象》，《詩》有《詩所》，以及《參同》、《陰符》、《楚辭》皆有注。《榕村劄記》則擬《語類》，《文集》擬《大全集》。

或争今《集注》非定本，而妄引祝氏本欲易之。

嘉慶辛未，吴縣吴英，字伯和，與其子志忠箸《四書章句集注定本辨》。按：《四書章句集注》自宋嘉定辛未劉爚奏請刊行，至今六百年，凡十辛未矣，久經先儒，未有異説，昭於日星，奠於山岳，而忽有狙生崽士，無知妄作，敢於功令傳習之書，而欲變亂常行，疑惑學士，此王法所必禁，而吾徒所必攻者矣。吴氏之言，大要以今坊本沿明永樂《大全》本，《大全》沿元新安倪士毅《輯釋》，而《輯釋》則本於宋建安祝洙所作《附録》也。洙父穆，字和父，爲朱子母黨，嘗受業朱子，而倪氏之師定宇陳氏櫟箸《四書發明》，惟主穆氏《附録》。愚按：今本源流如此，其亦可矣。彼所謂「定本」之稱，果孰傳之而孰見之哉？且考其説，凡所引「定本」，並無是書是名，且皆朱子初説，大不如今通行本之義周而詞當也，何得稱爲「定本」？今列其所執者數條，一曰《中庸》「聖經」一章，《定本》云：「蓋人之所以爲人，道之所以爲道，聖人之所以爲教，原其所自，無一不本於天而備於我。學者知之，則其於學，知所用力而自不能已矣。故子思於此首發明之，讀者所宜深體而默識也。」以爲朱子《儀禮經傳通解》、真西山《四書集編》、趙格菴《四書纂疏》、黄東發《日鈔》、胡雲峯《四書通》，此段皆如是云云。愚謂此段只大概粗説，詞意未密，文氣亦似若未足，大不及今通行坊本充實詳盡、字字堅密也。朱子臨殁前四日，猶改《大、中章句》，諸書所引，必其先行之説，而非《定本》可知。劉穆親受學於朱子，其所傳本必不誤。一曰《大學》「誠意」章，今坊本從祝作「欲其必自慊」，乃初本，非定本，《定本》則曰「欲其一於善」。愚謂此爲已致知者説誠意，自慊字緊健周足，對自欺言，若一於善，則寬緩平泛，又遺惡惡臭一層。一曰《論語》「爲政以德」章「行道而有得於心」，《定本》作「得於心而不失」。愚謂此處只解説「德」字之名義耳，「而不失」三字贅冗，無謂無著。統觀吴氏，吐屬粗鄙，乃一淺俗傖父，固不足以知此等精微，要其説，恐易簧鼓初學無聞之士，此政與諸漢學考證家相與呼引爲狂，不可不擯棄放絶之者也。彼所云「定本」，亦不能指爲何本，但據朱鑒書祝氏《附録》云「興國所刊原本」云云，安知新國本云何也？又引《四書通》云祝本作「有得於心」云云，安知非以祝本爲長乎？昔朱子言「凡讀古書而能辨其真僞，一在以其左證之異同而質之，一在以其義理之當而知之」，又曰「文字真是難看，彼纔得一説而執之不移者，若非上智，定是下愚」，又曰「今人讀書不子細，將聖賢言語都錯看了，横説竪説，誑惑衆生」。愚謂凡此皆由於矜名好箸書而無忌憚，則無所不至矣。朱子《答張德元》曰：「《論、孟集注》，後來改定處多，遂與《或問》不甚相應，《或問》故不曾傳出。今莫若且就正經上思索，有未通，參考《集注》，不可恃此未定之書便以爲是也。」吴氏所据，殆如劉之遴《漢書》真本而更陋者也。

於小學則有邵晉涵《爾雅正義》，王念孫《廣雅疏證》，戴震《方言疏證》，江聲《釋名疏證》、《補遺》、《續釋名》，任大椿《小學鈎沈》、《字林考逸》，桂馥《説文解字義證》，吴玉搢《別雅》，段若膺《説文注》、《訂》。〔一〕於音韻則有顧亭林《音論》、《古音表》、《唐韻正》、《韻補正》，江永《古韻標準》、《四聲切韻表》、《音學辨微》，戴震《聲韻考》、《聲類表》，孔廣森《詩聲類》，〔二〕洪榜《四聲均和表》。

按：小學、音韻是漢學諸公絶業，所謂此自是其勝場，安可與争鋒者，平心而論，實爲唐宋以來所未有。然而阮氏謂顧、江、戴、段諸公韻學，皆不能出陸法言之範圍也。

於經總義則有顧炎武《九經誤字》，〔三〕惠棟《九經古義》，江永《羣經補義》，臧琳《經義雜

〔一〕「王念孫《廣雅疏證》」及「段若膺《説文注》、《訂》」爲江藩《國朝經師經義目録》所無，乃方氏所增。

〔二〕「孔廣森《詩聲類》」爲江藩《國朝經師經義目録》所無，乃方氏所增。

〔三〕「經總義」，原誤作「經義總」，今改正。

記》，余蕭客《古經解鉤沈》，劉台拱《經傳小記》，王引之《經義述聞》，〔一〕武億《經讀考異義證》。

以上皆據江藩《國朝經師經義目録》，〔二〕所謂專門漢學者也。其實諸家所箸，每經不下數十種，有刊行而不爲江氏所採者，有刊行而江氏未見者，有刊行在江氏著録之後者，有僅傳其目而竟未成書者。如錢大昭《可廬著述》，僅刊書名及序例而實無成書。新名林立，卷帙盈千，充牣藝林。要其中實有超絶冠代，江河萬古，自不可廢。究之主張宗旨既偏，則邪説謬言實亦不少。苟或擇之不精，則疑誤來學眼目匪細，固不敢輕以相假而弗慎取而明辨之也。

由是以及於文章，則以六朝駢儷有韻者爲正宗，而斥韓、歐爲僞體。漢學家論文，每曰土苴韓、歐，俯視韓、歐，又曰骫矣韓、歐。夫以韓、歐之文而謂之骫，真無目而唾天矣。及觀其自爲及所推崇諸家，類如屠酤計帳。揚州汪氏謂文之衰自昌黎始，其後揚州學派皆主此論，力詆八家之文爲僞體。阮氏著《文筆考》，以有韻者爲文，其指亦如此。江藩嘗謂余曰：吾文無他過人，祇是不帶一毫八家氣息。

〔一〕「王引之《經義述聞》」爲江藩《國朝經師經義目録》所無，乃方氏所增。

〔二〕國朝經師經義目録，「目録」二字原誤作「著録」，今改正。

又淩廷堪集中亦詆退之文非正宗，於是遂有訾《平淮西碑》書法不合史法者。明艾千子曰「弘治之世邪説興，勸天下無讀唐以後書。驕心盛氣，不復考韓、歐立言之旨。相率取馬、班之書，摘其字句，因仍附和太倉、歷下兩生持北地之説，而又過之」云云。王遵巖《與弟道原書》云：「學六經、《史》、《漢》最得旨趣根領者，莫如韓、歐、曾、蘇諸名家。今觀諸賢，尚有薄唐宋人之心，故其文如此。」又云：「方洲嘗述交游中語，『總是學人，與其學歐、曾，不如學遷、固』。不知學遷、固莫如歐、曾諸公。今人何嘗學遷、固，衹是每篇抄得三五句《史》、《漢》，其餘文字皆舉子對策與寫柬寒温之套。如是而謂之學馬、班，亦可笑也。」孟瓶庵云：「當時尚摹擬秦漢，故薄唐宋。近之學者，又不知秦、漢、唐、宋爲何物，而隨聲附和，亦以宋人爲不足學。嗚呼！其亦可悲也已。」愚按：論學而薄程朱、宗孔子，論文而薄八家、宗《史》《漢》，此皆客氣，强不知以爲知者也。麻衣道者《正易心法》云：「學者當於羲皇心地上馳騁，不當於周、孔脚下盤旋。」近世錢民謂陸清獻公曰：「公自從文公入，某自從尼父入耳。」皆一類妄談也。民，嘉定人，字子仁，莘楣從父行也。早孤，十三歲棄書學賈，數爲鄉里所侮，歎曰：「世多妄人，求其不妄者，聖賢而已。」遂慨然有學聖人之志，聞青浦有孔子衣冠墓，擇日齋戒往拜，夜夢有告己曰：「謝絶漢以來諸儒説，乃可爲學。」自是專求之四子書。按：此真是妄人！無論學聖人必不異視朱子，即漢儒之説亦豈可盡廢？民又嘗以意更定《四書》次序，尤爲妄也。又艾千子天啓丙寅《與周介生書》，「欲於古《文定》、《待》二書外，爲《文勦》、《文妖》、《文冤》、《文腐》、《文戲》五書，以譏文之無當者，使人知所避，而發悟讀書，以知古人高深誠拙之所在」云云。按：《文定》、《文待》至矣足矣，若又爲此，則標舉傖惡，且起争釁，轉失儒者大雅矣。黄黎州云「以制義一塗爲聖學之要，則千子之作俑也。其所言極至，不過云以歐、曾之筆墨，詮程朱之名理。夫程朱之理，必力行自得，而後發之爲言，勃窣理窟，亦不過習講章之膚説，塵飯土羹，焉有名理？歐、曾之筆墨，向心變化，今以八股束其波瀾，焉有文章？無乃罔人昧己之論乎」云云。愚謂此説當分觀之，就文章而言，千子之論實爲至精，黎州不解文事，固不足以喻其故。若其論程朱之理當力行自得，不徒以施之於文，此自篤論。然既實踐爲德行，而又能發之爲文，有德者必有言，亦格物致知中一事。夫士能以歐、曾之筆發程朱之理而以爲文，必非尋常庸人矣。

千子所論，後有作者，必能尊之，而不得以黎州爲定論也。又祝允明作《罪知録》，歷詆韓、柳、歐、蘇、曾、王六家之文，又詆杜子美詩爲外道。又明汪華玉不喜東坡文，謂其不通。越人孫鑛月峯評《書》譏《大禹謨》近排，評《詩》譏《車攻》「選徒囂囂」背於有聞無聲。竟陵鐘惺伯敬評《左傳》「克段」篇「大隧之中」四句，抹之謂爲俗筆。又趙汝談謂《洪範》非箕子作者。朱子曰：「胡季隨在湖南，頗自尊大，以道義先覺自處，諸人亦多宗之。凡有議論，季隨必爲之判斷孰是孰非，此正猶張天師不問長少賢否，只是世襲做大。」愚謂黎州正如此，然猶未若祝允明輩諸妄人無忌憚至此極也。

舉凡前人所有成説定論，盡翻窠臼，蕩然一改，悉還漢唐舊規，祧宋而去之，使永遠萬世有宋不得爲代，程朱不得爲人，然後爲快足於心。大抵以復古爲名，而宇内學者耳目心思爲之一變，不根持論，任意譏彈，顛倒是非，欺誣往哲。當塗者樹名以爲招，承流者懷利以相接，先進者既往而不返，後起者復習俗而追之。整兵駭鼓，壁壘旌旗，屯營滿野，雲梯、火牛、厭勝、五禁之術，公輸、墨翟、田單、酈生之儔，縱横捭闔，蘇、張游説之辨百出。新學小生本無是非之心，亦無恩仇之報，但隨俗波靡，矜名走利，相與哆口睒目，曳梃攘臂而從之。揚風縱燎，欲以佐鬬爲鏖戰而決勝，滅此朝食，廓清獨霸。而程朱之門，獨寂然不聞出一應兵。夫習非勝是，偏聽成惑，若守文持論，敗績失據，吾恐此道遂傾矣。蓋嘗懼之，故爲反覆究論，以爲漢學之人有六蔽焉：其一力破「理」字，首以窮理爲厲禁，此最誖道害教。其二考之不實，謂程朱空言窮理，啓後學空疏之陋。不知朱子教人，固未嘗廢注疏，而如周、程諸子所發明聖意經旨，迥非漢儒所及，固不得以是傲之也。至於俗士荒經，古今通弊，不得概以蔽罪程朱，如世治獄併案辦理也。

楊慎曰：「宋儒以李斯之禍被之荀卿，此言過矣。弟子爲惡而罪及師，有是理乎？」愚謂今漢學家以世人不讀注疏之過被之程朱，與楊慎之論又恰相反。余嘗斷是獄，以爲師之於弟，傳道者也。庾斯端人，取友必端。荀卿謂子思、孟子亂天下，以子張、子夏爲賤儒，以人性本惡，放言高論，足啓焚坑之禍，則以李斯之罪罪之，不爲無因。若夫程朱，言論道德初無偏倍，今以王柏之疑經歸獄朱子，是則亦可以今漢學者之妄蔽罪康成乎？至於世士不讀注疏，則起於宋熙寧科舉之變法，王氏新經之學，朱子云「王介甫新經義出，士棄注疏不讀，猝有禮文之變，相視茫如」云云。元延祐取士之制，明永樂之修《大全》。錢氏大昕曰：「自宋以經義取士，守一先生之説，敷衍傅會，併爲一談，而空疏不學者皆得名爲經師，至明季而極矣。」相沿既久，爭趨簡易，非程朱之過也。

其三則由於忌程朱理學之名及《宋史·道學》之傳。其四則畏程朱檢身，動繩以理法，不若漢儒不修小節，不矜細行，得以寬便其私，故曰宋儒「以理殺人」，如商、韓之用法，浸浸乎舍法而論理，「死矣，更無可救矣」。東坡云：「鄙淺之人，好惡多同，故和之者衆。」愚謂庸俗鄙淺之人，忌孤芳，妒道真，恐其形己之短。所謂不欲明鏡之見玼也。其五則奈何不下腹中數卷書及其新慧小辨，不知是爲駁雜細碎，迂晦不安，乃大儒所棄餘而不屑有之者也。沈冰壺稱王充《論衡》藉諸子以證經之誤，識在董仲舒上，可謂盲論。至朱彝尊《經義考·毖緯》一門，多取孫瑴《微書》，緯書本荒誕，固不足辨矣。若今漢學家説經，穿鑿僻妄，義理淺狹，如惠氏《古義》、臧氏《雜記》，最爲無取。其六則見世科舉俗士空疏者衆，貪於難能可貴之名，欲以加少爲多，臨深爲高也。既與程朱異趣，而爲説不辨，用意不猛，則其門户不峻，面目不著，自占地步不牢，求之於古，漢儒之魁首惟鄭氏，小學之導師惟許叔重，而諸經號難治者惟《三禮》名物、制度，故諸人負之，以招於世。究其本志，特出於私妄好事，豪舉矜名，原未嘗爲明經起見，並未嘗反求之身，推之人事，實欲人已均獲治經之益，國家獲通經之用也。吾此論出，必爲漢學者所切齒，然吾非敢爾也。姑令彼平情自反，爲學而首禁窮理，妄矜博辨，别標宗旨，果於孔子之教有當否乎？夫爲學而首禁窮理，則吾心無節，觀物弗察，其所訓釋經文傳注，惟任於目，不顧其安。聞見雜博，傅會僻違，辨説譬喻，齊給便利，雖有左驗，而實乖義理，辨而無用，無關宏旨。段善本譏康崑崙琵琶曰：「本領何雜，兼帶邪聲。」漢學説經，實亦如是。新學小生，學未知本，粃糠眯目，天地易位，祈嚮一差，新奇是尚，客氣虚憍，强作解事，務出於衆人之所不知以爲博，歧外生歧，未有底極，本不足則以碎逃之，説不足則以氣陵之，嚾嚾怐愗，詖遁給奪，不知其所非。勢將使程朱既明之道復入於晦盲否塞，豈非横流之禍與？竊以漢儒訓詁名物以傳經，抱殘守闕，厥功至大。然初未嘗自以接周、孔真傳，爲是言者，今漢學家之言也。吾嘗推求其故，蓋因朱子嘗言「秦漢以來，儒者惟知章句訓詁之爲事，而不知潛心反己，復求聖人之意，以明性命道德之歸。程夫子兄弟出，始因子思《中庸》得孔孟不傳之緒」云云。朱子此論，奪之於漢儒久興之後。今漢學家欲復九世之仇，故亦欲奪之於宋儒既盛之年，以六者之蔽，而加之以復仇之志，此其七識。二字用佛典。胎意如此，至風氣波蕩，習俗移人，或有著書攻辨宋儒，反而求之，不得本心之所由者有之矣。蓋新學之士，未知是非之真，徒以矜名走勢，苟妄附和，機關用之既熟，耳目擩染，不覺自入其流。陳季立論叶音曰：「顛倒古今，反覆倫類，一人倡之，天下羣而和之，一世誤之，後世踵而從之，智者不敢生疑，賢者不敢致詰，若安之爲固然。」黃蘊生有言：「辨有口者，倡之於前，愚無知者，和之於後。其敢干犯天下之不祥者，非好名也，即好利也。」愚謂天下自有公是公非，宋儒義理實不能不用訓詁、考證，而漢學訓詁、考證實不足盡得聖人之義理。而漢學家務欲破滅義理，本既不足，議論又乖，用愈多，馬愈良，離楚愈遠。如此而箸書，名非不美也，學非不博也，究之聖人不享其意，即己亦不獲治經之益，徒增故紙中一重公案耳。明薛蕙曰：「訓詁之書，大抵未嘗知道，持其區區之見以推測古聖人之藴，所謂臆説也。若於聖人之微言無所發明，雖整正小小文義，亦非儒者所貴也。矧其下者離真失正，不惟無補於萬一，徒增聖經之疵纇耳。」蕙在明代，其時未有今日之漢學，而其言已如此。考漢學家所執爲宋儒之罪者有三：一曰以其空言窮理，恐墮狂禪。不知古今能辨儒禪之分、豪釐利害之介者莫如程朱，豈慮守捉者反爲盜賊邪？亦過計矣。按其説曰「心性之學，賈、馬、服、鄭所不詳，自王弼、何晏、柳子厚之徒，逮於宋熙寧以後，此弊日深。如使賈、馬、服、鄭生於是時，亦不可以默而已也」云云。此洪氏榜説。按：柳子厚曰：「浮屠之説，合於生而静者，不悖於孔子；大鑒始終言性善，不背於孟子。」夫以漢儒未有禪之世而信其不流於禪，譬如執童子之未知妃色、未見可欲者而信其與柳下同操也。程朱之言心言理，嚴辨乎禪，坐懷不亂者也。賈、馬、服、鄭當未有禪之世，又不知有心性之學，而不流於禪，童子之未知妃色者也。嵇中散曰：「豈可見黃門而稱貞哉？」何義門曰：「黃門，不男者也。按：《癸辛雜識》引佛書甚詳。」且今人利欲薰心，矜名走勢，而切切焉憂禪之爲心害，亦過計矣。且如龜山近乎禪，陸、王全乎禪，而其德業功名成就如彼，豈今漢學諸人所能夢見？故使天下學者果人人皆能如禪家之刻苦治心，斬情斷妄，其勝於俗儒之沈迷汨没、老死不悟者已多矣。故學人必實能反躬克己，又實兼有道德學問，然後乃可精辨禪學之失與陸王之學之失所以害於道、差謬於聖人，利害得失實在何處。否則如唐太宗之責蕭瑀「身俗口道」，不將爲彼墮禪者呵棄而不屑與辨，而又安能闢之哉？明薛蕙主張佛老，謂之真聖人。其説本柳子厚，立論過差，誠爲得罪吾道。然其所云，不肯同佛老於後世之儒，其言未爲無見。故禪之爲害，並非庸流所能中其病，亦非小儒所能闢其非。此事政難言之也。余此段議論似奬禪，恐遺誤學術，所望後賢以意逆志也。漢學諸人之罪程朱，以言心、言理墮禪，不過竊取門面題目，以成獄誣之而已，非真有見禪之爲害也。如以宋明以來心學墮禪之害爲皆程朱言心、言性、言理啓之，而以爲之獄案，則不知六經孔子已言心、言性、言理矣。無論程朱以前自六朝及唐禪學之興與程朱無涉，即程子同時最深於禪者莫如蘇子瞻，而子瞻固譏程子言性、言理者也。朱子同時最近於禪者莫如陸子静，而子静固與朱子異頓、漸之學者也。程朱之後最近禪者莫如王文成，而文成詩曰「影響尚疑朱仲晦」，則諸子墮禪，謂因程朱而誤者，非事實也。陸、王之學，其旨皆假託於孟子，而以爲程朱誤之，事既多誣。東坡最喜禪，如《思無邪齋銘》「凡思皆邪也」，與子由本覺自明之旨，皆以爲祕密宗門矣。温公專言心，温公作《潛虚》，專講心學。又曰：「光近得一訣，只管念個『中』字。」以迹論之，豈不是抱話頭？又葉少藴《避暑録話》云：「熙寧以前，洛中士大夫未有談禪者，偶富鄭公問法於華嚴，知其得於圓照大本。時本方住蘇州瑞光寺，聲振東南，公乃遣使作頌寄之，執禮甚恭如弟子。於是翻然慕之者，人人皆喜言名理。惟司馬温公、范蜀公以爲不然。既久，二公亦自偶入其説，而温公尤多，蜀公遂以爲譏。温公曰：『吾豈謂天下無禪乎？但吾儒所聞，有不必舍我而從其書爾。』此亦幾所謂實與而文不與者。觀其與韓持國往來論《中庸》數書可見矣。末因蜀公論空相，遂以詩戲之曰：『不須天女散，已解動禪心。』蜀公不納，乃復以詩戲之曰：『賤子悟已久，景仁今日迷。』又云：『到岸何須筏，揮鋤不用金。浮雲任來往，明月在天心。』觀此，謂温公不通禪可乎？」而向來不聞有人議其流害，而獨罪程朱，抑又不平。若以程子之言有似於禪者，則朱子嘗作《記疑》一卷，已辨其失程子之意。若以程門諸賢之流於禪者爲程子之罪，而如龜山之出其所陳時政，絶無一毫禪病誤人家國。高宗不行其言，高宗而行其言，則是豈不足以救弊？夫禪之所以爲害，在遺人事、悖倫常，程朱有之乎？微獨程朱，即龜山、陸、王有之乎？然而程朱所以嚴辨乎禪者，爲其所依託心性，彌近理而大亂真也。乃黄震等並舉其真、理無差者而欲去之，則又爲謬妄矣。夫不考其實，而第以其言及於心、及於理即指爲禪，是必舉六經之言性、言心、言理等句而盡删之，俾天下之人皆作比干，刳其心而去之，然後乃免於禪，非止懲羹吹虀，並將因噎廢食也。昔蜀漢時，天旱禁酒，釀者有刑，吏於人家索得釀具，論者欲與作酒者同罰，簡雍與先主游觀，見男女行道，雍曰：「彼人欲行淫，何以不縛？」先主曰：「卿何以知之？」雍曰：「彼有其具，與釀酒者同。」李茂貞居岐，以地狹賦薄，下令榷油，因禁城門無内松薪，以松可爲炬也，有優者誚之曰：「臣請更禁月明。」又禪家語録有曰：「譬如脚上忽患惡瘡，但當療瘡，不當憎脚。」如黄震、顧亭林漢學家之議，是何異欲縛行道而禁月明兼憎脚邪？且所疑於禪者，又非禪之理也。使真解禪者如張無垢、蘇子瞻輩見之，應且爲笑也。何者？是不知告子之不求於心乃政爲禪之三昧，而求心者非禪也。蓋唐宋以來學者所以墮禪，皆專用心向裏，就身心上做工夫，直要明心見性，此實出於達摩剿除知解義學，直指悟理，謂之頓門。黄氏、顧氏不知，轉向義學搜捉贓犯，又不覩聖人之全，遂於疑似之際而欲闢聖人之言，其害更甚於禪。何也？禁天下不許求心、求理，勢必使人人失其是非之心，即於惶惑茫昧而無復觀理之權衡矣。近世漢學家又全不用心於内，全不向身心上做工夫，耳食門面語，惟務與宋儒立異爲仇，顛倒迷妄，信口亂道，其害又甚於黄氏、顧氏。何也？但恃數卷駁雜斷爛漢儒之言，黄吻少年皆議宿學，勢必流於狂誕無忌憚。要之，實黄氏、顧氏作之俑也。自朱子廓清以後七百年，不幸又生此大亂，可懼之甚也。夫諸人以程朱言心、言理墮禪，爲害於學術、治術，試考南宋以來其治亂政事得失之由，何者是禪學遺之大害？又何者是因程朱言心、言理而致？一一無實而虚構横誣，「莫須有」三字，何以信天下後世？流俗無聞，不學者衆，耳食浮游，附和不察，併爲一談，牢不可破，此孟子所爲好辨也。夫孔子修《春秋》，爲亂臣賊子也；孟子闢楊、墨，爲充塞仁義也；韓子闢佛，爲其去人倫、無君父也；程朱闢禪，爲其彌近理、大亂真、淆聖學也。漢學闢程朱，則竊其説而即以巇之，其罪名獄辭所定，案牘左證所牽，皆在疑似矯誣，安得臯陶使聽直乎？且吾決知漢學之人必無深慮沉識，真能分明覩見禪之害正爲斯道至切大患處也。何以明之？以其人制行皆溺於利欲常度，黷貨濫色，邇勢矜名，私狹忿忮，講經與躬行心得判而爲二，趙大洲曰「學者只貴眼明，不須踐履，言與行違，心與迹異」云云。無一人一事可比禪德尊宿。則知其志慮必不能閑邪衛道，憂在萬世；且其學識亦必不能精思密察，過於程朱也。況今天下並無禪病心學之失，非明季之比，而六經、孔孟、程朱之言亦必無此流弊，皆不煩代慮之也。其一則以宋人廢注疏，使學者空言窮理，啓後學荒經蔑古空疏之陋，則又非實。考朱子教人爲學，諄諄於漢魏諸儒正音讀，通訓詁，考制度，釋名物，以爲當求之注疏，不可略。又曰：「秦漢以來，聖學不傳，儒者惟知訓詁章句之爲事，而不知復求聖人之意，以明夫性命道德之歸。然或徒誦其言以爲高，而不知深求其意，遂致脱略章句，陵藉訓詁，坐談空妙，而其爲患，反有甚於前日之陋者。」又曰：「自秦漢以來，儒者不知反己潛心，而以記覽誦説爲事，是以有道君子深以爲憂。然亦未嘗遂以束書不觀、坐談空妙爲可徼倖於有聞也。」可見楊慎等之論，皆竊朱子之言而即用以反噬之。又曰：「或遺棄事物，脱略章句，而相與馳於虚曠杳渺之中。」又曰：「其有志於爲己者，又直以爲可以取足於心，而無事外求也。」此指陸子。此方真是禪。是以墮於佛老空虚之邪見，而義理之正，法度之詳，有不察也。又曰：「近看《中庸》古注，極有好處。如説篇首一句，便以五行、五常言之，後來雜佛而言之者，豈能如此慤實？因此方知擺落傳注，須是二程先生方始開得此口，若後學未到此地位便承虚接響，容易呵叱，恐屬僭越，氣象不好，不可不戒耳。」又識駁胡紘「父在不當承重」説後云：「今之學者於古人之遺文不爲之詳究，以空言而議朝章，以清談而干王政，是尚不足窺漢儒之壘，而何以升孔子之堂哉？」又引《説文》解《易・恒卦》，又於「大有用享」

以爲「亨」、「享」字《易》中多互用，因言「文字、音韻是經中淺事，故先儒得其大者，多不留意。然此等處不理會，却費無限辭説牽補，卒不得其意，亦甚害事」。可知今人主張鄭學、小學以爲門户，皆竊朱子之緒論而反詈之。據以上諸説，朱子教人讀書平實如此，何嘗如今漢學家所詈云爾哉。其一則曰以其講學標榜、門户分争爲害於家國。夫自古亡國，以用小人，近世議論，專以亡國之禍歸之君子。或謂之曰黨、曰道學、曰講學之家、曰講學門户，若以比於佞人宦寺尤當戒者，而不聞一人議曰：某代之亡，以用小人之過也。可謂失其本矣。或云：「洛、蜀黨分而北宋亡，道學派盛而南宋亡。」試平心核之，徽、欽之亡，外以海東青，内以花石綱，於洛、蜀黨何干？趙汝愚、韓侂胄之分黨而啓黨禁也固也，南宋之亡，果以道學盛之故乎？朱子卒於寧宗慶元五年己未，下逮己卯宋亡八十年。夫不咎蔡京、童貫而咎洛、蜀黨，不咎韓侂胄而咎道學派，不咎嚴、魏而咎東林，此果爲理實之言乎？至南宫靖一字仲靖，分寧人，理宗端平進士。作《小學史斷》，又以宋之南渡爲道學之功，宋之不能恢復由僞學之禁，此又不然。惟元仁宗曰：「儒者所以可貴，以能維持三綱五常之道也。」此言至平實。若夫真儒濟世，其人既不多遇，有其人而又不用，則亦無益。孔子並不能救魯之弱，孟子並不能挽戰國之亂，不用也。今既不可以魯之弱、戰國之亂爲孔、孟之罪，亦斷不可謂魯之延、戰國不速亡爲孔、孟之功。凡此皆小人誣正及僻儒虚矯，非事實也。世又謂程朱見道之明，不應爲黨，此亦不然。夫講道刑仁，氣類朋來，自然之理。五臣不同氣，而與共、驩爲類乎？孔子不與顔、曾同氣，而與陽貨、季孫爲類乎？諸人之論，全不平心論事，惟滕紙上之口，似是而非，以箝制人口，動以亡國之禍加之，使不得脱。此帝舜所謂「讒説殄行」也。夫不核邪正是非、禍亂政教所由之實，而概以亡國之罪加之正人君子，果經世之言乎？世論東林，則同類之中賢奸先混，伊雒則攀援聲氣，末流依附，雖創始諸人未必逆料及此，而推原禍本，則一二君子不得辭其咎。又以明之亡亡於門户，門户始於朋黨，朋黨始於講學，講學始於東林，東林始於楊時。又論明馮從吾之争講學，以爲士大夫甲科通籍，於聖賢大義不患不明，顧須實踐何如耳，不在乎聚而講也。宿松朱書亦言陽明之失，失在講學，誠有如胡端敏之言者。又曰古未有在位而講學者，凡講學於居官之日，皆所不取。説者以中原陸沉，實清談之禍，雖爲過甚，揆其流弊，不得謂非有由也。以上諸論，誠爲有見，亦頗皆實事，無可置辨。然愚心終不安，其實蓋不然也。間嘗反覆推究，以爲堯、舜之世亦有共、驩，豈得爲四岳、五臣之咎？孔氏之門弟子三千，聲氣攀援甚矣，豈可執爲聖人之咎？則論東林、伊雒之説，非言之信也。自古聖帝明王因時立政，曰以救敝而已，揖讓征誅，忠質文之尚，末流且滋弊端，則因東林始於楊時而欲集矢於程子，非言之信也。伊古以來，不能使仕宦者皆明於躬行實踐，皆賢哲有學之士，則謂士大夫甲科通籍，皆明於聖賢大義，無容講學，非言之信也。堯舜都俞吁咈，其戒臣鄰也，曰「余違汝弼，汝無面從」，皋、禹之謨，喜起之歌，伊、傅、周、召之訓，漢唐以來名臣碩輔所進忠於時主者，刑賞舉措，公私黜陟，政治得失，地方利病，民生休戚，無非講學，而謂在位者不當講學，非言之信也。陽明之學是邪，在位何不可講？非邪，在下又可講乎？不論所講之是否，第執陽明爲不當在位講學，非言之信也。且夫所爲講學者何先乎？非尤當講明進退出處語默之義乎？經故曰：「邦有道，危言危行；邦無道，危行言遜。」又曰：「邦有道，其言足以興；邦無道，其默足以容。既明且哲，以保其身。」又曰：「爲下不倍。」又曰：「惡訐以爲直。」又曰：「人而不仁，疾之已甚，亂也。」又曰：「不在其位，不謀其政。」明之君子於此皆犯之，安在其能講學也。冒講學之名，而不精求聖人利用安身之道，徒使人詬病聖人之學不當講，是誣之也。昔程子以《易》之《艮》示郭忠孝曰：「《艮》，止也。學道之要，無出於此。」忠孝因牓其室曰「兼山」。立身行道，皆自止始。《易》之爻象有六，曰時，曰位，曰德，苟違其義，皆垂凶、悔、吝之戒。凡此皆切近之學，明之君子舍此不講而攻人之惡，今之君子第見其害，不究其實，懲羹吹韲，因噎廢食，因執論以爲士大夫不當講學。二者交病而皆失，至死不相服，竊以爲皆誤也。夫堯、舜、禹之傳天下也，曰「人心惟危，道心惟微，惟精惟一，允執厥中」，講學也；舜好問而好察邇言，執其兩端，用其中於民，講學也；契爲司徒，敬敷五教，夔典樂，教胄子直寬剛簡九德之行，講學也；《周官》三六德行之教，樂正、司成論説，講學也；《易》曰「明辨晳」、「議德行」，講學也；孔門弟子問仁、問政、問君子、問崇德修慝辨惑，講學也；孟子曰「博學而詳説之」，講學也。未達者之用，在先講正心、誠意、修身、齊家、懲忿窒欲、遷善改過、進退出處、辭受取與、語默謙晦、不邀名、不願外、居易俟命、素位之學；既達者之用，在細講治平之理、興仁興讓、僨事定國之機、藏恕喻人之道、理財用人、好惡公私、義利得失之戒。七情、五性之眦於偏也，如油著麪，利害存亡之幾，決於毫釐千里。自一身而至邦國，自一物而至萬類，何在非學，何在不當講？故曰「學之不講，是吾憂也」，孰謂不當講學邪？今夫治河者，導之使順軌，則行乎其途而不爲害，若强壅之以逆其性，未有不潰決汎濫者也。故曰：「防民之口，甚於防川。」故禁學者不當講學，毋論非理道之正，而其勢亦必不能終遏。於是執子莫之中者，謂學者當有躬行之實，不當有講學之名。斯論一出，天下推以爲名言篤論矣。以愚論之，亦非信言也。孔子論誠身之目，曰博學、審問、慎思、明辨，然後繼之以篤行。夫學不講則道不明，道不明，安必躬行之皆出於是邪？故曰：「道之不行也，我知之矣，知者過之，愚者不及也；道之不明也，我知之矣，賢者過之，不肖者不及也。人莫不飲食也，鮮能知味也。」然則謂躬行者不當講學，非言之信也。或又謂「講學宜也，祇當自講，不當召聚徒黨以爲之名，馴至聲氣攀援之弊」，似也，而亦未盡事理之實。夫傳道得吾徒，有講則必有聽受之者。天之生斯民也，使先知覺後知，使先覺覺後覺，聖人作而萬物睹，師道立則善人多。古人恥獨爲君子，儒者守先王之道，以待後學，安得如生公説法，聚石爲徒乎？《易》曰「君子以朋友講習」、「《臨》、《觀》之義，或與或求」，《論語》開宗明義第一章曰「學而時習」、「有朋自遠方來」，又曰「以文會友，以友輔仁」，又曰「誨人不倦」，又曰「狂簡不知所裁」，皆講之於人也。世之君子讀書論世、斷國計，著書立言以折衷古今大義，乃併《學而》一章亦未讀，吁可怪已。且夫所爲講學者，非將欲試之於用乎？使第一人閉户私居面壁，對陳編而切究，固可以自淑矣。假如疑無與析，奥有未通，或致歧誤，流害人心世道、國計民生，豈不悔辨之不早辨乎？借使皆徹矣，無疑矣，不誤矣，一旦用之，亦必上告吾君，中語同僚，下詔百姓，告之、語之、詔之不能皆喻，必須講辨，則仍是講學也。故學縱可一人獨講，斷不能一人獨行。故謂講學不當同人者，此無意於公天下、用天下之言，其意思局量亦甚迫隘矣。若又以伊尹、傅説、太公之初爲説，則又非倫。王佐之人不世出，安得恒置數百年天下，萬衆不學，萬事不理，以待之遥遥不世出之王佐乎？則以講學祇當杜門自講，不當同人者，非言之信也。然則如之何而可？曰：在上者，司成、學政、校官，官爲之講學；在下者，師儒爲之講學。如唐虞司徒、典樂之法，《周官》德行、道藝之教，孔孟六經之言，蘇湖、白鹿之規。講之愈明、愈甚，國家皆受其福。孟子曰：「王之好樂甚，則齊其庶幾乎。」然則亦患不講學耳，豈謂不當講學邪？且夫所謂講學者，非謂相與講去其非邪？徐鶴洲云：「朝廷以賢否辨仕路，公庭以曲直平民情，里巷以是非正風俗，其爲盛世無疑矣。」愚謂清議所以維風俗也，講學所以端清議也。若明人之講，處己太高，陵厲激訐，於疾之已甚。斯疏斯辱，未信爲謗，不可則止等戒均昧。出位干政樹幟，以講學爲號，收召好名之徒，以爲聲氣，不思《艮》止之訓，是慝也而弗修，是惑也而弗辨，是忿也而弗懲，若是者，政坐不講也。夫講學者，鼓盛氣以强人從己，未有不激人之怒者，況施之敵以上及人主也。然則非講學之足爲害，而講之歧其方，誤其用，徇外爲人，以滋之害而貽世口實也。大抵論事者第論其大體得失之數，而不深究其致敝之實，往往情與事不相中，晉楚帶劍，各執其麤疏之見，似是而非，馴至潰敗決裂，大謬不然，而終不肯降其心，析義未精，未嘗巽入事理而權之也。故曰「巽以行權」，如明人之講學是也，其所以爲講者非也。世之君子，睹其害而不察其所以然，動詆之曰「講學家」，因謂士大夫不當講學，亦非也。紛紛異論，邊見謬説，惟第論大體得失之數，而弗詳究其實也。推之而昔人青苗、保甲、手實、雇役諸大端，亦若是則已矣。凡此政學之所宜講也，孰謂不當講學耶？按：《後漢書・申屠蟠傳》稱：「先是京師游士汝南范滂等非訐朝政，自公卿以下皆折節下之。太學生爭慕其風，以爲文學將興，處士復用。蟠獨歎曰：『昔戰國之世，處士横議，列國之王，至爲擁篲先驅，卒有阬儒燒書之禍，今之謂矣。』」故漢、明黨禍，其罪在於非訐朝政，造作虚譽，此政坐不講明哲保身之學耳。若但如《儒林傳序》樊準、徐防等疏，鄭玄等傳所述立學講授本末，京師建立太學，訪求名儒，徵詣公車，以充禮官。公卿各舉明經，立五經博士，分門專業，各以家法教授。士之願學者造太學受業，兼通者爲高第，擢爲講郎，太常差次總領，通經術者皆得察舉。或宦學既成，以老而退，安車駟馬，告歸鄉里，各以其學開門授徒，四方來游從者不拒。至太學教法，宜採漢、晉、宋、元諸儒如左雄、黄瓊、胡廣、朱子、許衡、不忽木，論學校成法故事，斟酌畫一，使天下曉然於一道同風之指。經學、小學外，律算、庶政分立科師，職業分明。斯國不異學，士皆通經足用，自無明人門户紛歧之弊及科舉空疏之陋矣。隋梁彦光爲相州刺史，用秩俸招致大儒，立學講授，策試賓貢，其法甚備。又曾南豐有《請令州縣特舉士劄子》。

又考異説之興，其始由知賢之過，不能反己潛心，盡精微之藴，以約之至道之正，而又或鼓之以客氣浮情，遂如水火之不相爲謀。此在思、孟、程、朱之世已然，如楊、墨、告子、蘇、陸之徒是也。如東坡以伊川爲奸，豈非過論。葉紹翁詆道學爲市，近世熊賜履《閑道録》詈陸、王爲異類，蕭企昭詈陽明爲賊，皆過言也。其後如黄震、王柏等，則信之不及，疑所不當疑，不探本實，爲説粗疏。迄於楊慎、郝敬、李塨、毛奇齡等，器識益浮淺，偏見顛倒，極口詆毁，徒欲自絶。惟顧亭林以忠信之質，濟之以博辨之學，又以有激於時，而務立説以矯敝，論近理實，而人始尊信之。

雖不專主漢學，而抑揚太過，竟成禍胎。迨閻、惠繼起，墮本勤末，置邇效賒，而漢學考證遂於義理之外巍然別爲一宗主。如田氏之齊、成師之晉，國統盜移矣。蓋人情好異喜新，矜奇愛博，而閻、惠起而恩之以豆區釜鍾之施，使人心悦從，而漸移其畔宋即漢之心。後來戴氏等日益寖熾，其聰明博辨既足以自恣，而聲華氣燄又足以聳動一世，於是遂欲移程朱而代其統矣。一時如吴中、徽歙、金壇、揚州數十餘家益相煽和，則皆其衍法之導師，傳法之沙彌也。曲而辨之，其塗則異，總而斷之，其失則同。何者？同昧其本而競談其末也。吾嘗論附宋學者或有愁儒，攻程朱者必無君子，心術邪也。昔者孔子、孟子原因人心多蔽，義理不著，邪説詖行，充塞仁義，懼爲世道之憂，故修訂六經，相與講明切究，以續夫唐、虞司徒之教，禹、湯、文、武、周公之法。凡以爲明德也，新民也。明德明，而後知修、齊、治、平相因之序而不可易；亦明德明，而後知大中至正之所在而不可偏。其物則君臣、父子、夫婦、昆弟、朋友之際，其事則日用動作、進退取舍，是非邪正之分。所謂「率性之謂道」，率此也；「修道之謂教」，修此也。六經之爲教於天下萬世，如是而已。今漢學家首以言理爲厲禁，是率天下而從於昏也。拔本塞源，邪説横議，較之楊、墨、佛、老而更陋，擬之洪水猛獸而更凶。何者？洪水猛獸害野人，此害專及學士大夫。學士大夫之學術昧則生心發事害政，而野人無噍類矣。荀子曰：「飾邪説，文姦言，以梟亂天下。使天下混然不知是非治亂之所存，不足以合文通治，然而其持之有故，其言之成理，足以欺惑愚衆。」莊子曰：「使一世之人，吞聲服之，非心服也。」漢范升曰：「孔子曰：博學約之，弗畔矣大。學而不約，必畔道矣。」龔勝非龔建曰：「章句小儒，破碎大道。」又鄭、賈之徒讖《公羊》，以爲言乖典籍，詞理失所，是爲俗儒。何平叔曰：「善道有統，故殊塗同歸，異端不同歸也。」徐偉長《中論·治學篇》：「凡學者大義爲先，物名爲後，大義舉而物名從之。然鄙儒之博學也，務於物名，詳於器械，考於訓詁，摘其章句，而不能得其大義之所在。」偉長生於漢季，乃不爲馬、鄭之學所囿如此，可謂卓然有識之士矣。蘇子瞻曰：「學失本源，邪説並馳，大言滔天，詭論蔑性，不謂自便，曰固其理。」朱子曰：「書愈多而理愈昧，讀書愈勤而心愈肆。」元杜瑛曰：「先王之道不明，異端邪説害之也。」明黄太沖曰：「讀書多而不求於心，則又爲僞儒矣。」彭魯岡曰：「同一讀書，爲誇多而讀者，人心也；爲明善而讀者，道心也。」近人陸世儀曰：「世有大儒，必不別立宗旨。」皆若爲斯人而發者也。禪家語録有云：「修行之人，有一分工夫，便有一分勝心，有十分工夫，便有十分勝心。既有勝心，則有我相；我相、勝心，作大障礙。」愚謂此昔人所謂飲藥加病，學而名母者也。陸子静曰：「凡人溺於勢利者可回，溺於意見者難回。孔、顔所以貴無我、克己、不遠復也。古今學術之歧，惟争於此。」《淮南子》曰：「乘舟而迷者，見斗極則悟。」夫欲求斗極，舍孔氏之義理何止？欲求孔氏之義理，舍程朱之講辨何階？今漢學諸公口言誦法孔氏而痛斥義理，羞談程朱，全以勝心、我相説經，欺誣後生，蕩滅本義，不過欲反程朱而已。程朱生前不幸，蒙僞學之禁，百年論定，如日中天。學者恭逢盛世右文，尊儒上學，一道同風，列聖傳心，後先一揆，功令所垂，薄海祇奉。而漢學之徒以其謏聞駁雜之辨、支離繆悠之論倡爲邪説，傾敗正道，簧鼓士心，疑誤來學，言辨而逆，飾非而好，潛移顯奪，日漸月化。數十年來，此風遍蒸海内，如狂飆蕩洪河，不復可望其澄鑒。在上者，其勢位既足以軒輊一世，風會所尚，一時高才敏疾之士又羣趨附之。平居談論，若不畔程朱即非學，言有偶及之者，輒羞悪若將浼焉，若不共戴天之仇，義必如是而後爲丈夫者。周櫟園言：「王百穀之子王留，以詩文門户分別推遠其父，若百穀生前負大辱於世而不屑爲其子者。詩文門户即不同調，亦何至自昧於人倫如是。」今之攻程朱者，大率皆王留也。又明葉文忠向高《三賢祠記》云：「新學繁興，異端蠭起，有能彈射紫陽者，則世共以爲高。」舉凡所謂儒梟惑衆，狙學擬聖，悉萃於一時，較章惇、邢恕、范致虚、陳公輔、胡紘、施康年、汪沇、沈繼祖、林栗諸人，氣力更大焉。《詩》曰：「雨雪瀌瀌，見晛聿消。莫肯下遺，式居屢驕。」又曰：「雨雪浮浮，見晛曰流。如蠻如髦，我是用憂。」乾隆初，謝濟世詆朱子《大學、中庸章句》，且謂明代尊崇朱子之書，以同鄉同姓之故，因奏請廢朱子《章句》，而用其自注《學》、《庸》頒行天下。六年九月二十五日，奉上諭：「朕聞謝濟世將伊所注經書刊刻傳播，多係自逞臆見，肆詆程朱，甚屬狂妄。從來讀書學道之人，貴乎躬行實踐，不在語言文字之間辨別異同。況古人著述既多，豈無一二可以指摘之處？以後人而議論前人，無論所見未必即當，即云當矣，試問於己之身心何有益哉？我聖祖將朱子升配十哲之列，最爲尊崇，天下士子莫不奉爲準繩，而謝濟世輩倡爲異説，互相標榜，恐無知之人爲其所惑，殊非一道同風之義，且足爲人心學術之害。朕從不以語言文字罪人，但此事甚有關係，亦不可置之不問也。爾等可寄信與湖廣總督孫嘉淦，將謝濟世所注經書中有顯與程朱牴牾，或標榜他人之書，令其查明具奏，即行銷毀，毋得存留。欽此。」煌煌聖訓，誡天下學者所當服膺恭繹，罔敢違失者也。明永樂二年，鄱陽人朱季友詣闕，獻所著書，詆毀程朱。上怒，遣行人押赴饒州，會司府縣官杖之，焚其書焉。姚榮國廣孝作《道餘録》，專詆程朱，其友張洪爲收焚其書。見《日知録》。昔馮文敏琦萬曆時爲《會試録》，序中云：「高皇帝神聖，兼綜條貫，至風厲學官，齊一統類。萃萬代之耳目，而懸之一鵠，獨禀紫陽之訓詁。夫宋儒訓詁，豈必千慮無一失？然而王制也。今之爲新説者，豈必千慮無一得？然而非王制也。先王所是著爲令，士安得倡異説於王制外乎？」姚姬傳先生《程綿莊集序》曰：「天下之學，必有所宗，論繼孔孟之統，後世君子必歸於程朱者，非謂朝廷之功令不敢違也，以程朱平生行己立身固無媿於聖門，而其論説所闡發，上當乎聖人之旨、下合乎天下之公心者爲大且多，使後賢果能篤信而守之，爲無病也。若其他與程朱立異者，縱於學有得，亦不免賢智者之過。其下則肆焉爲邪説，以自飾其不肖者而已。」謝濟世，字石霖，全州人，康熙壬辰進士，官湖南驛鹽道。余見其《梅莊集》，議論文筆體裁傖鄙淺陋，宜不足知朱子也。

考漢學諸人，於天文術算、訓詁小學、考證輿地、名物制度，誠有足補前賢、裨後學者。但坐不能遜志，又無識，不知有本，欲以掃滅義理，放言橫議，惑世誣民，誠非細故。又考凡漢學家所有議論，如重訓詁、斥虚空墮禪學，皆竊朱子之緒論，而即用以反罪之，增飾邪説，失真而改其面目，又一局矣。孔沖遠所謂「蠹生於木而還食其木」，非其理也。又考凡漢學家所有諸謬説，實亦皆本之宋儒。如謂學者不當言性理；歐陽永叔、蘇子瞻等《大學》非孔氏之書；楊簡等《大學》古本當從《中庸》分章，删《風詩》；王柏欲删《四書集注》，不肯言用心於内，詆《尚書》人心、道心爲墮禪；黄震格物非窮理；司馬温公《詩小序》當從。馬端臨諸如此類，皆漢學家祖之以爲門户者，既借朱子正論以反噬，又借諸謬論以毒正，曾不區別，統而目之爲宋儒而概以詈之。陰用其言而罪其人，此鄭人殺鄧析而用其《竹刑》之比也。今余欲申宋學，使不爲明辨，亦總而目之爲宋儒而概以護之，是愛苗而不去其莠，貴粟而不見其秕，晉楚帶劍，臧穀同亡，何以著義理之真也。又考漢學諸人所擅爲絶學以招於世者，如訓詁小學、天文算術、名物制度、輿地考史，實皆《大學》始教格物窮理條目中之事。陰行其實而力攻其説，如人亟資於布帛菽粟而忌言衣食之名，因痛斥之，豈惟用罔，抑亦不惠矣。竊宋儒之説即痛詈宋儒，竊《大學》之教即力排《大學》，此不爲昧其真心乎？且漢學所擅爲門户者，皆古人小學始基粗迹，固不可廢。要之，堯、舜、周、孔之教之大全，修己治人之要道不在是。而乃訾蔑大本，憖置不道，矜其末迹，增飾邪説，以爲天下之學莫大乎是。舉世附和，以爲古今聖人推孔子，孔子之道在六經，六經之旨在訓詁、名物、制度，學者第從事名物、訓詁，自足通乎性與天道，是爲唐、虞、周、孔正傳。宋儒廢訓詁而空言義理，啓天下以空疏談道，使漢儒傳注不明於世，故以爲之大罪而必欲火其書、絶其人，犁庭掃落，以與天下易其門户宗旨，使無爲學術、經術之大害。蓋漢學之主意宗旨如是。竊以訓詁、名物、制度實爲學者所不可闕之學，然宋儒實未嘗廢之。但義理、考證必兩邊用功始得。若爲宋學者不讀漢魏諸儒傳注，則無以考其得失，即無以知宋儒所以或用其説或易其説之是。而漢學諸人又全護漢儒之失，以爲皆得，則亦用罔而悍然不顧而已。

又按：漢學諸人堅稱義理存乎訓詁、典章、制度，而如《考工》車制，江氏有《考》，戴氏有《圖》，阮氏、金氏、程氏、錢氏皆言車制，同時著述，言人人殊，迄不知誰爲定論？他如蔡氏

《賦役》，沈氏《禄田》，任氏、江氏、盛氏、張氏《宫室》，黄氏、江氏、任氏、戴氏《衣服冕弁》，各自專門，亦互相駁斥，不知誰爲真知定見？莊子所謂有待而定者邪？竊以此等明之固佳，即未能明，亦無關於身心性命、國計民生、學術之大。物有本末，是何足以臧也？以荀子「法後王」之語推之，則冕服、車制、禄田、賦役等，雖古聖之制，亦塵飯木胔耳。以爲無益於天下者，明之不如其已也。何者？三統之建，忠質之尚，井田、禮樂諸大端，三代聖人已不沿襲，又何論後世而欲追古制乎？昔元齊履謙於學博洽精通，自六經諸史、天文地理，禮樂律曆下至陰陽五行、醫藥卜筮無不淹貫，而尤以窮理爲務，精研洙泗、伊洛之書，多所著述。又劉因初爲經學，究訓詁音釋之説，輒嘆曰：「聖人精義，殆不止此。」及得周、程、張、邵、朱子之書讀之，一見能發其微，曰：「我固謂當有是也。」及窮其學之所至，而曰：「邵至大也，周至精也，程至正也，朱子極其大，盡其精，而貫之以正也。」又王恂精算術，裕宗問焉，恂曰：「算數，六藝之一。定國家，安民人，乃大事也。」每侍左右，必陳三綱五常之道及歷代治忽之所以然。裕宗問心之所守，恂曰「許衡言人心如印版，版本不差，雖摹千萬紙皆不差；若版本差，則所摹無不差」云云。又不忽木上《立學疏》，極其科條之詳，仍以義理爲主。其教必本於人倫，明於物理，爲之講解經傳，授以修齊治平之道云云。又王鶚言：「學者當以窮理爲先。」又趙復贈元好問，以「博溺心、末喪本」爲戒。考元一代學術規模，皆本於趙復、許衡、姚燧，故其議論淵源如此。然漢學家謂元明以來此道益昧，有明三百年「長夜悠悠，視天夢夢」爲可悲者，豈不誣邪？夫以人心之匙知道也，匙尚德也，幾不識仁義忠信爲何物，皆以蒼猾狠勝爲用，飾智驚愚，詐私逞妄，日偷日薄，天理不勝私欲。所賴宋儒發明六經、孔孟義理之教以彌縫之，激厲之，自閭門黨巷以達乎朝廷州里，敦崇正學，一道同風，有以維世道於不敝，存人心於幾希，所以貴有儒術也。金世宗曰：「朕所以合繹五經者，欲令女直人知仁義道德所在耳。」漢學者矜其謏聞，邪説横議，利本之顛，共尋斧斤焉。痛斥窮理，力闢克己反心之學，版本之差，孰大如是？考其律身行己，修整者固多，敗行者亦不乏。忿慾任情，踰閑蕩檢，惟以有著述爲藏身之固，天下亦遂以此恕之。貪黷卑污者有之，淫縱邪行者有之，悁忿忮克者有之，舉無妨於經學通儒之名，六經之用，安賴是乎？古人所以致論於目睫也。即如朱彝尊之作《風懷詩》，得罪名教，固見擯於洙泗，而舉世眩其文學博雅，無一士敢插齒牙。如有訾竹垞者，則衆必以爲悖誕傖父；而凡有能詆程朱者，則衆共引爲大雅豪傑、有識之士、真學問種子矣。豈非傎邪！

余既爲此説，友人多以見規，其言有曰：「尊著《書林揚觶》有《傷物》一門，則此言竹垞云云，似宜酌改。」或又曰「竹垞作《風懷詩》，乃其少年不謹之事，中晚年乃著《經義考》。君子於人固當許其改過，如周處之輩，何嘗遂絶於昔賢邪」云云。此誠爲長者之論，忠誨勤篤，敬當佩繹者矣。但審思其義，又別有利害。蓋論竹垞者，分別論之，自當爲文苑之雄。若余所切論，正爲其作《經義考》也。何者？使後世學者皆假塗託宿於經義而制行不檢，皆以竹垞爲口實，以爲竹垞且爾，吾何疚焉，則是聖人六經特爲淫蕩輕儇之護身符也。諸公寬論一竹垞，而害萬世人心學術；吾嚴論一竹垞，而立萬世經學義理之坊。所慮似別耳。《經義考》本《授經圖》西亭王孫所著。而作，與《崇文總目》，晁、陳《志》、《録》，錢遵王《敏求記》等，皆述授受之源流，究繕刻之同異，考存軼之虛實，介於鑒賞、考訂之間，見聞既博，辨論亦精，誠爲書林之寶，向來書目所未及。然於經旨義理，全没交涉，祇以資於考證版本，毫無益於身心道義。是已爲買櫝還珠，如王文成所譏尊經閣書如窶人丐夫之庫藏薄者也。況又躬行邪行，揭此以爲之大名，以藏其身，而倡其惡於天下後世，使援以爲口實邪？考竹垞作《風懷詩》爲康熙乙酉，時年四十一歲，五十八歲輯《經義考》。八十一歲刊《曝書亭集》，不去《風懷詩》，則不得以少年爲辭，又非周孝侯英雄粗猛之過可比。夫傷物者，謂揭人隱過，人所不知，由我而發，可已不已。若竹垞之事，其所自述，已暴於世，海内共知。余爲經義立坊，因以爲戒，非傷物比也。按：陳廷敬《墓誌》稱曹寅爲君刊《曝書亭集》，未卒業而君殁。世稱君子昆田請削《風懷詩》而君不允，非也。昆田以康熙四十八年先卒。〔一〕附訂之於此。率天下之人，力破義理是非之公，舞文尚辨，譁誣聳衆，馴至横流奔放，人皆失其本心。學術之差，爲人心世道之憂，所關至鉅，非細故也。《詩》曰：「其何能淑，載胥及溺」，漢學有焉；「誰能執熱？逝不以濯」，宋學有焉。聖人復起，不易吾言矣。

〔一〕康熙四十八年，當作康熙三十八年。據《朱彝尊年譜》，其子朱昆田卒於康熙三十八年十月二十一日，早於朱彝尊十年。此處爲方氏誤記。